Achtsam leben

PETER GLOCKER

Weniger Stress, mehr Leben

SCORPIO

Dr. med. Peter Glocker ist Facharzt für Allgemeinmedizin und Naturheilverfahren, freiberuflicher Coach und Kommunikationstrainer. Als Therapeut in einer psychosomatischen Rehaklinik begleitet er Menschen mit Stresserkrankungen zu mehr Gesundheit und Gelassenheit.

FSC
www.fsc.org
MIX
Papier aus verantwortungsvollen Quellen
FSC® C084279

Umschlaggestaltung: Hauptmann & Kompanie Werbeagentur, Zürich
Quellenangaben: Seite 108
Layout und Satz: Veronika Preisler, München
Druck und Bindung: Print Consult, München
ISBN 978-3-95803-030-5

www.scorpio-verlag.de

Inhalt

Vorwort

»Arzt ist ein stressiger Beruf.« Das habe ich bereits vor meinem Medizinstudium immer wieder gehört. Und so kam es dann auch: Überlange Bereitschaftsdienste, in jedem Moment die richtige Entscheidung treffen, Arbeiten in den Grenzzonen des Lebens. Stress und die enorme Verantwortung als Arzt haben auch mich im Laufe meines Berufslebens oft an persönliche Grenzen gebracht.
Aber auch viele meiner Patienten, die ich als Allgemeinmediziner und später als Therapeut und Coach behandelte, litten unter verschiedensten Formen von Stress. Immer häufiger lautete die Diagnose »Burnout«, und mir wurde dadurch die Tragweite des Problems bewusst. Nicht zuletzt deshalb beschloss ich, mich intensiv mit Stress und Stressmanagement zu beschäftigen. In dem Maße, in dem sich das Thema Stress in meinem eigenen Alltag breitmachte, wurde es mir zu einer Herzensangelegenheit, Betroffenen Werkzeuge an die Hand zu geben, um besser mit Stresszuständen umgehen zu können. Ein solches Werkzeug stellt dieser Taschenguide dar.
Die üblichen Checklisten, wie man Stress vermeiden kann, werden Sie in diesem Buch jedoch nicht

finden. Vielmehr verfolge ich einen ganzheitlichen Ansatz, indem ich verschiedene Methoden aus dem NLP (Neuro-Linguistischen-Programmierung), dem systemischen Coaching, der gewaltfreien Kommunikation nach Marshall Rosenberg (GFK) und der Achtsamkeitslehre kombiniere. Auf diese Weise kann eine fundamentale Veränderung der persönlichen Einstellung und Denkweise ermöglicht werden. Meine Erfahrung in der Praxis hat gezeigt, dass meine Patienten und Klienten von diesem Konzept am meisten profitierten.

Um Stress zu vermeiden, müssen wir lernen, unser Leben wieder nachhaltig selbst in die Hand zu nehmen und zu unserem eigenen Chef zu werden.

Kommen Sie mit auf die Reise zu einem erfüllteren Sein, mit weniger Stress und mehr Leben.

Einleitung

Stress ist in unserer heutigen Gesellschaft allgegenwärtig. Kaum jemand würde von sich behaupten, er habe noch nie Stress gehabt. Ist Stress also das Schicksal des modernen Menschen? Ja, werden nun viele von Ihnen sagen. Ich kann meinem Stress nicht ausweichen. Irgendwie muss es ja laufen, in der Arbeit und zu Hause mit den Kindern. Die Wohnung oder das Haus müssen in Ordnung gehalten werden, der Partner zufriedengestellt sein – und dann auch noch die Schwiegermutter! Allein bei all diesen Gedanken kann man sich schon gestresst fühlen. Wie soll ein normaler Mensch das alles stressfrei auf die Reihe bekommen? Geht gar nicht, werden jetzt bestimmt viele von Ihnen antworten.

Die Sehnsucht in unserer Gesellschaft nach einem stressfreieren Leben ist groß. Unzählige Wellnessoasen und Entspannungstechniken versprechen ein relaxteres Leben und eine Reduktion des Alltagsstresses. Doch können diese wirklich helfen? Ich glaube nicht, sonst würden all diese schönen Wellnesstempel über kurz oder lang wieder verschwinden.

Aber gibt es überhaupt ein Kraut, das gegen diesen

ewigen Stress gewachsen ist? Ein Schluck aus der Pulle könnte helfen, mag mancher Gestresste denken. Ein Bierchen am Abend – oder zwei oder drei –, das beruhigt schon. Auch pflanzliche Tranquilizer wie Baldrian und Hopfen unterstützen vielleicht. Und wenn das nicht reicht, hat auch die Pharmaindustrie noch eine Menge Chemie in petto, mit der wir »runterfahren« können. 50 Milligramm Beruhigungsmittel zum Frühstück, und der Tag wird rosarot. Nichts kann einen aus der Ruhe bringen. Und wenn einen der Stress nachts nicht mehr schlafen lässt, dann gibt es auch dafür das passende Mittelchen. Die Antistresspille für Tag und Nacht! Eine perfekte Lösung?

Bestimmt nicht! Wer möchte dieses Zeug schon über viele Jahre hinweg oder gar sein ganzes Leben lang schlucken? Ganz davon abgesehen, dass derlei Medikamente auch unerwünschte Nebenwirkungen haben können, und wenn es nur die auf den Geldbeutel sind. Dennoch setzen viele Gestresste auf ebendiesen Weg und lassen so die Umsätze im Bereich der Beruhigungsmittel und Psychopharmaka kontinuierlich steigen. Ein vermeintlich einfacher Weg.

Doch es gibt Alternativen. Diese sind vielleicht etwas aufwendiger und erfordern mehr Übung, doch sie versprechen auch wesentlich mehr Nach-

haltigkeit. In meinem Buch möchte ich Ihnen diese Alternativen vorstellen. Sie werden lernen, Stressmechanismen zu verstehen und rechtzeitig gegenzusteuern, um langfristig zu einem erfüllteren Leben zu finden.
Was sollten Sie dazu mitbringen? Einen Schuss Neugierde. Eine Portion Mut zum Verlassen der Komfortzone. Und eine Brise Willenskraft, um den eigenen Blickwinkel zu ändern. Und dann: Ausprobieren!
Denn in alten Mustern zu verharren bedeutet in jedem Fall eines: Der Stress geht weiter!

1

Stress erkennen und verstehen

Vor der Veränderung kommt immer die Erkenntnis! Doch viele von uns sind Meister im Verdrängen unangenehmer Dinge. Etwas, das im Moment nicht lösbar erscheint, rutscht auf der täglichen To-do-Liste ganz nach unten. Manche Dinge erledigen sich durchs Liegenlassen, das hoffen wir zumindest. Und was soll man auch machen, wenn man gestresst ist und kein Land mehr sieht? Ich muss doch in die Arbeit gehen und dieses Ekelpaket von Chef aushalten, ich kann mir ja leider keinen neuen backen. Also täglich die bittere Pille schlucken. Irgendwie wird es schon weitergehen.

Bewusstmachen des Ist-Zustands

Das ist die bekannte Vogel-Strauß-Taktik: einfach den Kopf in den Sand stecken und abwarten, bis der Sturm sich gelegt hat. Diese Verhaltensweise kennen wir alle nur zu gut. Oft erscheint es weniger stressig, eine anstehende Veränderung auf die lange Bank zu schieben, als sich aktiv und konstruktiv mit dem bestehenden Problem auseinanderzusetzen. Wir wollen Stress um jeden Preis vermeiden. Oft fühlen wir uns angesichts der Situation auch schlicht und einfach hilflos. Der jeweilige Stresszustand als solcher, aber auch die damit verbundenen Auswirkungen werden also erst einmal so weit wie möglich ausgeblendet.

Anfangs mag uns das noch ganz gut gelingen und als tragfähige Strategie erscheinen. Doch das täuscht. Es verhält sich wie mit einem Luftballon, der ganz langsam aufgeblasen wird. Zu Beginn erkennen wir die Veränderung kaum. Doch unser kleiner Luftballon wächst und wächst, bis er schließlich irgendwann platzt. Es ist vielleicht möglich, den Stress eine Weile beiseitezuschieben, doch dann holt er uns in seiner ganzen Härte ein. Wir sitzen in der Falle.

Umso wichtiger ist es, ehrlich zu sich selbst zu sein, sich einzugestehen, wenn man gestresst ist. Sehen Sie dem Problem direkt ins Auge, anstatt es zu verdrängen. Denn je klarer Sie sich Ihrer Situation bewusst werden, desto schneller finden Sie zu einer Lösung.

Stresstest in 40 kurzen Fragen

Also, Hand aufs Herz – wie gestresst sind Sie? Der folgende Test soll Ihnen helfen, sich Ihren aktuellen Ist-Zustand bewusst zu machen. Lesen Sie alle Fragen aufmerksam durch und überlegen Sie, inwieweit diese auf Sie zutreffen. Vergeben Sie dann die entsprechenden Punkte:

0 = trifft nicht zu
1 = trifft manchmal zu
2 = trifft immer zu

1. Können Sie schlecht einschlafen?	
2. Wachen Sie nachts häufig auf?	
3. Fällt es Ihnen schwer, abends oder am Wochenende abzuschalten?	
4. Fühlen Sie sich tagsüber oft müde und erschöpft?	
5. Fühlen Sie sich in der Arbeit häufig überfordert?	
6. Haben Sie häufig Erkältungen oder andere Infekte?	
Zwischensumme:	

7. Hat sich Ihre Konzentration verschlechtert, verlieren Sie häufig den Faden?	
8. Können Sie sich Dinge schlechter merken als früher?	
9. Haben Sie das Gefühl, es wächst Ihnen alles über den Kopf?	
10. Haben Sie häufiger als früher Kopfschmerzen?	
11. Reagieren Sie gereizt oder aggressiv, wenn Dinge nicht so klappen, wie Sie es vorhatten?	
12. Haben Sie häufig Magenbeschwerden?	
13. Fühlen Sie sich bereits durch Kleinigkeiten genervt?	
14. Haben Sie das Gefühl, dass Ihr Herz manchmal rast?	
15. Bestehen bei Ihnen unerklärliche Gliederschmerzen, z.B. in den Beinen?	
16. Ziehen Sie sich vor Menschen oder Veranstaltungen zurück?	
17. Verspüren Sie häufiger Wut als früher?	
18. Ertappen Sie sich öfter bei negativen Gedanken?	
19. Haben Sie das Gefühl, ausgelaugt zu sein?	
20. Haben Sie das Gefühl, Sie stehen ständig unter Strom?	
21. Haben Sie den Eindruck, nicht immer Herr Ihrer selbst zu sein?	
Zwischensumme:	

22. Vernachlässigen Sie Ihre Freunde?	
23. Nehmen Sie Beruhigungsmittel ein?	
24. Vernachlässigen Sie Ihre Hobbys?	
25. Fällt es Ihnen schwer, Entscheidungen zu treffen?	
26. Trinken Sie spürbar mehr Kaffee als früher?	
27. Haben Sie Zukunftsängste?	
28. Tun Sie sich beim Lösen von Problemen schwerer als sonst?	
29. Nehmen Sie Psychopharmaka ein?	
30. Behalten Sie Ihre Sorgen lieber für sich?	
31. Haben Sie Angst zu versagen?	
32. Äußern sich andere manchmal besorgt über Ihre Gesundheit?	
33. Sind Sie leicht kränkbar?	
34. Brechen Sie leicht in Tränen aus?	
35. Verlegen Sie häufig wichtige Dinge?	
36. Haben Sie häufig Probleme mit der Verdauung?	
37. Fühlen Sie sich innerlich leer?	
38. Spüren Sie ein Gefühl von Hilflosigkeit?	
39. Fühlen Sie sich innerlich unruhig?	
40. Wollen Sie gerne alles perfekt machen?	
Zwischensumme:	
Gesamt:	

Auswertung Stresstest

Bitte berücksichtigen Sie bei der Auswertung, dass die folgende Punkteeinteilung keine exakten Grenzen widerspiegeln und die Übergänge zwischen den verschiedenen Stresszuständen fließend sind.

0 bis 10 Punkte

Herzlichen Glückwunsch, Sie sind körperlich wie seelisch gut im Gleichgewicht. Sie können etwaige Belastungen gut kompensieren oder erleben derzeit tatsächlich keine nennenswerten Stresssituationen. Sie wissen, wie Sie sich entspannen können, und sorgen für ausreichend Schlaf, gesundes Essen, genügend Bewegung und Genuss in Ihrem Leben. Sie haben wahrscheinlich eine hohe Problemlösungskompetenz und sehen optimistisch ins Leben.

11 bis 45 Punkte

Das Ergebnis lässt vermuten, dass es derzeit in Ihrem Leben berufliche, familiäre oder andere private Probleme gibt, die Sie entweder beginnend oder bereits spürbar aus dem Gleichgewicht bringen. Ihr Körper zeigt Ihnen dies zum Beispiel durch Anspannung, Schmerzen, Lärmempfindlichkeit oder Schlafstörungen. Seelische Signale können unter anderem Ängste, erhöhte Reizbarkeit, Energieverlust oder Mutlosigkeit sein. Ein Ignorieren dieser Alarmzeichen kann zu einer Verstärkung der Symptome führen, und es wird immer schwieriger, ihnen entgegenzutreten.

46 bis 80 Punkte

Das Ergebnis lässt vermuten, dass es in Ihrem Leben derzeit ausgeprägte berufliche, familiäre oder andere private Probleme gibt, die Sie völlig aus dem Gleichgewicht gebracht haben. Ihr Körper zeigt Ihnen dies zum Beispiel durch starke Verspannungen oder Schmerzen in Muskeln und/oder Gelenken. Es können auch Verdauungsbeschwerden bis hin zu Übelkeit und Erbrechen auftreten. Schwitzen und Herzrasen sind ebenfalls häufige Symptome. Unter Umständen leiden Sie auch an ausgeprägten Schlafstörungen und nehmen sich damit tagsüber nicht wirklich als leistungsfähig wahr. Sie fühlen sich leer und ausgelaugt. Die Lust, in der Freizeit etwas zu unternehmen, ist auf ein Minimum gesunken oder ganz verschwunden. Sie sind oft gereizt und angespannt. Die Gesamtsituation wird häufig als bedrohlich empfunden. Es deutet vieles darauf hin, dass Sie unter einem erhöhten oder massiven Stresszustand leiden.
Es ist Zeit zu handeln.

»Wenn wir die ersehnte Ruhe endlich haben werden, werden wir nichts mehr von ihr haben.«

Marie von Ebner-Eschenbach

Falls der Test bei Ihnen spürbare Belastungen durch Stress ergeben haben sollte, stecken Sie den Kopf jetzt nicht in den Sand. Im Laufe der folgenden Kapitel werden Sie lernen, die Ursachen Ihres Zustands zu erkennen und ihnen achtsam entgegenzutreten.

Worum geht es überhaupt? - Stress verstehen

Lassen Sie mich zunächst eine kurze Geschichte erzählen. Vielleicht kommt Ihnen ja das eine oder andere bekannt vor …

Unverhofft kommt oft

Es ist der 24. Dezember, das Fest der Liebe steht vor der Tür. Ich gehe am Morgen zu meinem Auto, um noch ein paar Dinge zu erledigen. Bis jetzt hat mich der übliche Weihnachtsstress verschont – sehr gut, freue ich mich.
Ich greife in meiner Hosentasche nach dem Autoschlüssel. Doch wo ist er? Wo ist mein Autoschlüssel? Ich habe ihn doch sonst immer dort! Ich gehe zurück zum Haus und merke, wie mein Puls schneller wird. Also noch einmal alles von vorne. Wo habe ich ihn das letzte Mal gesehen? Ganz ruhig bleiben, der Schlüssel kann ja nicht weit sein. Ich fange an zu suchen, doch der Schlüssel ist unauffindbar. Mir wird heiß, und mein Puls schlägt immer schneller. Das ist unmöglich! Irgendwo muss er doch sein! Ich fange an mich zu ärgern, schließlich wollte ich doch heute zu meiner Ver-

wandtschaft fahren, um Weihnachten zu feiern. Ich stelle das halbe Haus auf den Kopf, aber der Schlüssel bleibt verschwunden. Das ist ja eine schöne Bescherung! Mir schießen Tausende Gedanken durch den Kopf. Wie soll ich denn jetzt zu meinen Verwandten kommen? Sie haben sich doch schon so auf das gemeinsame Fest gefreut. Meine Atmung wird schneller, und ich bekomme ein beklemmendes Gefühl in der Magengegend. Jetzt erst mal einatmen und ausatmen. Einen kühlen Kopf bewahren.

Doch die Gedanken drehen sich weiter. Was mach ich jetzt bloß? Meine Ohren beginnen zu singen. Es scheint, als wäre in mir eine innere Lawine losgetreten worden, die dabei ist, sich zu verselbstständigen. Ich beginne zu schwitzen, obwohl mir kalt ist. Und ich kann mich nicht konzentrieren. Ich fange an zu zittern. Was macht mein Organismus da mit mir? Ich versuche es noch mal mit einatmen und ausatmen, aber mein Puls rast. Verzweifelt rufe ich zu Hause an und berichte, was passiert ist. Beim Sprechen überhole ich mich fast selbst, so aufgeregt bin ich.

»Jetzt reiß dich mal zusammen, du lebst ja noch«, sage ich mir dann selbst. Wie schön wäre es, wenn es jetzt einen Reset-Knopf gäbe, mit dem ich das ganze System wieder normal hochfahren könnte!

> »Es gibt Wichtigeres im Leben, als beständig dessen Geschwindigkeit zu erhöhen.«
>
> *Mahatma Gandhi*

Entstehung und Ablauf einer Stressreaktion

Die Geschichte meiner unschönen Weihnachtsbescherung beschreibt viel von dem, was Stress ausmacht. Der Begriff Stress, abgeleitet vom lateinischen *stringere – anspannen*, bezeichnet unsere körperlichen, mentalen und emotionalen Reaktionen auf spezifische Reize (die sogenannten Stressoren), die uns befähigen sollen, besondere Anforderungen und Herausforderungen zu bewältigen.

Auslöser einer Stressreaktion können sowohl äußere als auch innere Reize sein. In meinem Fall steht der verschwundene Autoschlüssel für ein solches äußeres Ereignis, während im Verlauf der Szene meine Gedanken und Gefühle mich im Inneren immer weiter aufputschten (»Aber ich muss doch irgendwie zu meinen Verwandten! Was soll ich jetzt bloß machen?«).

Diese Stressauslöser führen zu Reaktionen, die sowohl auf körperlicher als auch auf psychischer Ebene ablaufen können. Zu den wichtigsten körperlichen Auswirkungen zählen der Anstieg des Blutdrucks sowie die Erhöhung der Herz- und Atemfrequenz. Diese Reaktionen laufen ohne unser bewusstes Zutun ab. Wir können sie damit nicht modifizieren und zum Teil noch nicht einmal spüren. Weiterhin kommt es zu vegetativen Reaktionen wie Schwitzen, kalten Händen, Erweiterung der Pupillen, einer Beeinflussung des Verdauungsapparates und einer Senkung der Immunabwehr. Auch diese Reaktionen laufen vollständig automatisiert ab.

Eigentlich wollen wir uns ja gar nicht stressen lassen, doch den Stress interessiert das nicht. Er macht mit uns, was er will. Und wir haben das Gefühl, ihm hilflos ausgeliefert zu sein. Doch Stress ist kein gottgegebener Zustand, mit dem wir unabwendbar leben müssen. Es ist ein Zustand mit meist gut definierbaren Auslösern, denen wir entschieden entgegentreten könnten, wenn wir sie im Dunst des Alltags erkennen würden.

Warum sind Stress und Stressreaktionen sinnvoll?

Es mag fast ketzerisch klingen, doch Stress hat auch etwas Gutes. Stress treibt uns an, etwas zu tun. Wir brauchen Anreize, um Dinge voranzubringen. Ursprünglich ist Stress eine Anpassungsleistung an eine Bedrohung, die unser Überleben sichern soll. Denken Sie an unsere Urahnen, die Höhlenmenschen. Ihr Leben war alles andere als sicher. Säbelzahntiger und andere wilde Tiere stellten ihnen nach. Daher mussten sie stets aufmerksam und zur Flucht bereit sein.

Genau für solche Situationen hat sich die Stressreaktion in unserem Organismus entwickelt. Sie macht uns »fluchtfähig« und »kampfbereit«. Sie hilft uns, in der entscheidenden Situation hellwach und reaktionsfähig zu sein. Hätten unsere Vorfahren in der menschlichen Entwicklungsgeschichte keine Stressreaktionen erlebt, dann säßen wir vermutlich nicht hier, denn unsere Ahnen wären alle in den Mägen hungriger Räuber gelandet. Und auch heute noch sind es die Stressreaktionen, die uns in entscheidenden Momenten helfen zu überleben.

Allerdings darf man dabei eines nicht vergessen: Die Stressreaktion ist ursprünglich darauf angelegt, kurz anhaltende Krisensituationen zu bewältigen. Eine Flucht oder ein Kampf dauerte meist nicht lange. Der Körper konnte danach schnell wieder in den Normalbetrieb herunterfahren. Lang anhaltender Stress, wie wir ihn heute kennen, schädigt jedoch den Körper und schließlich auch die Psyche massiv. Probleme werden zum Dauerbrenner und lassen uns nicht mehr zur Ruhe kommen.

Fazit

Stressreaktionen werden durch bestimmte Ereignisse, die in der Regel in unserer Umwelt passieren, ausgelöst. Sie führen zu einer Kaskade an körperlichen Reaktionen, die unseren Organismus in die Lage versetzen, adäquat auf echte oder vermeintlich bedrohliche Ereignisse zu reagieren. Ursprünglich wurde unser Körper so auf Flucht, Angriff oder Verteidigung vorbereitet.

Stressfolgen: Warum Stress oft krank macht

Vor Kurzem hatte ich einen Patienten bei mir sitzen, der über ständiges Kribbeln in den Beinen und ein merkwürdiges Schweregefühl klagte. Der Schulmediziner in mir spielte sofort alle möglichen und unmöglichen körperlichen Ursachen durch. Hatte der Patient vielleicht einen bisher unentdeckten Diabetes? Oder könnte es eine andere Nervenstörung sein?

»Das wurde alles schon abgeklärt«, teilte mir der Mann mit. Organische Ursachen waren damit zumindest sehr unwahrscheinlich.

»Was macht denn Ihr Blutdruck?«, fragte ich weiter.

»Na, der spielt in letzter Zeit auch verrückt. Und wissen Sie, was noch komisch ist? Ich habe seit Monaten immer öfter Kopf- und Nackenschmerzen.«

Bei dieser Konstellation drängte sich mir ein Wort sofort auf: Stress. Der Mann könnte unter Stress leiden.

»Wie läuft es denn allgemein so in letzter Zeit?«, fragte ich vorsichtig weiter.

»Ach hören Sie mir auf, mir ist gerade alles zu viel!

Ich blicke nicht mehr durch, weiß gar nicht, wo mir der Kopf steht. Und ändern kann ich da ja nichts. Es ist, wie es eben ist. Ich fürchte, da muss ich jetzt durch«, antwortete er mit spürbarer Resignation in der Stimme.

»Nicht die Menge der Arbeit verursacht den alltäglichen Stress, sondern der Mensch, der dich ihretwegen kritisiert und unter Druck setzt. Zugegeben: Manchmal bist du selbst dieser Mensch.«

Peter Hohl

Wenn Körper und Seele streiken

Dies ist eine typische Geschichte, wie man sie täglich in Arztpraxen zu hören bekommt. Bedeutet »alles abgeklärt«, dass davon auszugehen ist, dass dem Menschen wirklich nichts fehlt? Wirklich gar nichts? Was ist dann mit all seinen Beschwerden? Oder hat man es wieder einmal mit einem eingebildeten Kranken zu tun, der vielleicht nur einen gelben Urlaubsschein will?
So einfach ist es natürlich nicht. Selbst wenn keine eindeutigen organischen Störungen nachweisbar

sind, kann der Betroffene krank sein. Denn nicht nur unsere Organe können erkranken, sondern auch unsere Psyche. Diese wird jedoch oft stiefmütterlich behandelt oder im schlimmsten Falle sogar ganz ignoriert. Viele scheuen sich daher, über psychische Probleme zu sprechen. Zu groß ist die Angst, das persönliche Umfeld könne meinen, man hätte einen an der Waffel.

Doch wie sieht es in einem Betroffenen wirklich aus? Die weiteren Worte meines Patienten zeigen es: »Ich kann mich in letzter Zeit schlecht konzentrieren und mache deswegen immer mehr Fehler. Schlafen kann ich auch nicht mehr so richtig. Kaum mache ich die Augen zu, fahren die Gedanken in meinem Kopf Karussell, und mir wird ganz schwindelig davon. Ich suche immer nach einem Knopf zum Abstellen und finde keinen. Ich glaube, ich sitze in der Falle! Gibt es denn keine Pille gegen so etwas?«

Was ist bei diesem Menschen passiert? Seit Längerem anhaltende Stressfaktoren haben sich verselbstständigt. Unser Organismus glaubt immer noch, er müsse sich auf Kampf oder Flucht vorbereiten. Also bahnen sich die Stressreaktionen ihren Weg. Die Adrenalin- und Kortisolausschüttung steigt, der Blutdruck fährt nach oben, die Herzfrequenz nimmt zu, die Muskulatur wird angespannt.

All diese Reaktionen laufen ab, ohne dass es jemals zu einem Kampf oder einer Flucht kommt. Die Energie wird auf-, aber nicht mehr abgebaut, als würde unser kleiner Luftballon immer weiter aufgeblasen. Sie wissen ja, was dann passiert.

Diese akuten Stressreaktionen unseres Organismus gehen dann in chronische Veränderungen über. Der Blutdruck ist dauerhaft erhöht, die Herzfrequenz bleibt über dem normalen Ruhebereich, es kommt zu Verdauungsstörungen und Schweißausbrüchen. Außerdem werden wir aufgrund des erhöhten Kortisolspiegels infektanfälliger. Kortisol dämpft die Immunabwehr und macht es damit Bakterien und Viren leicht, sich einzunisten und Infekte auszulösen.

Doch mit den organischen Veränderungen noch nicht genug: Wir entwickeln auch psychische Probleme. Schlafstörungen, Stimmungsabfälle und Unruhezustände werden zu unseren täglichen Wegbegleitern. Nicht selten droht eine handfeste Depression.

Die Falle, in der wir sitzen, kann sich zu einer Spirale entwickeln, die uns immer tiefer in den körperlichen und psychischen Abgrund zieht. Im freien Fall steuern wir auf das Ende der Spirale zu, an dem uns meist nur eines erwartet: die Diagnose Burnout. Wir fühlen uns ausgebrannt – nichts geht

mehr. Ein Zustand, in den immer mehr Menschen geraten und der sie häufig für viele Monate außer Gefecht setzt. Oft ist dann von einer einst stolzen Führungskraft nur mehr ein Häufchen Elend übrig.
Es gibt noch viele weitere körperliche und seelische Folgen von Stress, wie etwa die Anfälligkeit für oder die Verschärfung von Krebs- und/oder Autoimmunerkrankungen. Deren weitere Betrachtung würde jedoch den Rahmen dieses Buches sprengen. Klar ist aber auf jeden Fall eines: ***Stress macht krank, und das nicht nur in der Einbildung des Betroffenen.*** Langfristig kann Stress zu Arbeitsunfähigkeit und nicht selten auch zu frühzeitiger Berentung führen. Und das ist nicht nur eine erhebliche Belastung für den Betroffenen und dessen Umfeld, sondern auch für unser Sozialsystem. Es wird Zeit, diesen Teufelskreis zu durchbrechen!

> »Sich zu Tode zu arbeiten ist die einzige gesellschaftlich anerkannte Form des Selbstmords.«
>
> *Johann Freudenreich*

Symptome, die auf Stress hinweisen können:

- Magenschmerzen
- Reizdarmsyndrom
- Durchfall
- Verstopfung
- Appetitlosigkeit
- gesteigerter Appetit
- Kopf- und Rückenschmerzen
- Gliederschmerzen
- generalisiertes Schmerzsyndrom (Fibromyalgie)
- innere Unruhe
- Schlafstörungen
- Konzentrations- und Merkfähigkeitsstörungen
- ständiges Grübeln
- Entscheidungsschwäche
- Antriebsverlust
- Stimmungsschwankungen bis hin zur tiefen Depression
- aggressives Verhalten
- sozialer Rückzug
- Ängste (v. a. Existenz- und Zukunftsängste)
- Verlust der Empathiefähigkeit (Übergang in Gleichgültigkeit)
- Starre

Fazit

Sind wir über lange Zeit Stresssituationen ausgesetzt, ist unser Körper in Daueralarmbereitschaft. Da wir heute im Gegensatz zu unseren Vorfahren jedoch meist weder körperlich flüchten noch kämpfen müssen, schießen die Reaktionen unseres Organismus oft über das Ziel hinaus. Die bereitgestellte Energie kann nicht mehr abgebaut werden, und es drohen ernsthafte chronische Erkrankungen.

2

Wer ist der Chef im Haus? Die Rolle unseres Gehirns

> »Wenn jemand ein Problem erkannt hat und nichts zur Lösung beiträgt, ist er selbst ein Teil des Problems.«
>
> *Indianische Weisheit*

Haben Sie festgestellt, dass Sie gestresst sind? Wie konnte das passieren? Haben Sie das selbst »gemacht«? Wer versetzt sich schon freiwillig in diesen unangenehmen Zustand? Wie kann es sein, dass Sie etwas zulassen, das Sie gar nicht wollen?

Der Manager »Unterbewusstsein«

Schuld ist Ihr Gehirn. Das Gehirn ist ein sehr eigenwilliges Organ. Es hat seine eigenen Ideen, wie Ihr Leben abzulaufen hat. Im Grunde ist es wie bei einem Computer, der einfach die Programme abspielt, die wir irgendwann installiert haben.
Auch wenn wir natürlich keine Maschinen sind, handeln wir in der Regel viel häufiger reaktiv und damit automatisiert, als uns das recht sein kann. Diese Reaktionsmuster wurden über viele Jahrzehnte hinweg unbewusst eintrainiert. Sie sind unsere inneren Untergrundkämpfer, die unser Verhalten steuern, ohne dass uns ihr Einfluss bewusst wird. Den Nutzen dieser Programme für unser Wohlbefinden hinterfragen wir jedoch selten, obwohl er bisweilen mehr als fragwürdig wäre. Warum sonst geraten wir immer wieder in Situationen, die mit Wohlbefinden wenig zu tun haben?
Der Grund dafür ist, dass unser Gehirn einen Großteil dessen, was tagtäglich in uns abläuft, ohne uns erledigt. Dem Eisbergmodell von Sigmund Freud zufolge liegt der Anteil bei circa 90 Prozent! Es fragt uns nicht einmal, ob uns das nun recht ist oder nicht. Wir sind in viele seiner Entscheidungs-

prozesse nicht erkennbar einbezogen, zumindest solange wir unserem Gehirn diese Eigenmächtigkeit zugestehen.

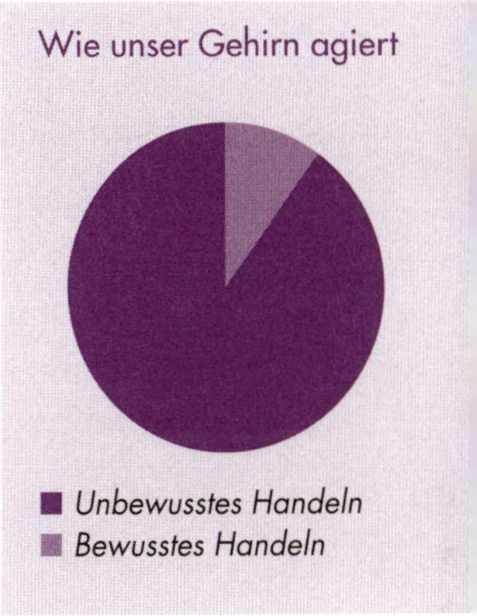

Unser Bewusstsein ist also nur zu etwa zehn Prozent Herr im Haus, solange es nicht aktiv in das Geschehen, das vom Unterbewusstsein gesteuert wird, eingreift.

Die unbewussten Abläufe müssen also sichtbar gemacht werden. Nur so lässt sich das eigentliche Problem (zum Beispiel Stress) erkennen. Sich ein Problem bewusst zu machen bedeutet, dass man es mit Worten beschreiben und erklären kann, sowohl sich selbst als auch anderen. Erst in diesem Moment nehme ich aktiv wahr, *dass* ich gestresst bin und *was* das für mich bedeutet. Nur zu sagen »Ich bin gestresst« reicht nicht. Es geht um das *Warum* und *Wodurch*.

Durch Stress entstandenes Unbehagen, spürbarer Druck oder bereits vorhandene körperliche und psychische Beschwerden bekommen so einen Namen. Erst dann, wenn uns der Status quo klar ins Bewusstsein tritt, sind wir auch in der Lage, etwas zu verändern. Solange diese Dinge jedoch quasi in den geistigen Untiefen unseres Gehirns versteckt bleiben, bekommen wir sie nicht zu greifen. Wir stochern blind im Nebel herum, spüren, dass etwas nicht passt, können aber nichts mit diesem Gefühl anfangen. Kein Wunder, dass wir uns dadurch noch unwohler fühlen. Denn eine Gefahr, die man spürt, aber nicht klar sieht, wirkt noch viel bedrohlicher.

Stress
+ Unbewusstsein

= noch mehr Stress

»Die meisten Menschen erfahren Gegenwärtigkeit überhaupt nicht oder nur zufällig und kurz, bei seltenen Gelegenheiten, ohne sie zu erkennen. Sie wechseln nicht zwischen Bewusstheit und Unbewusstheit, sondern nur zwischen verschiedenen Ebenen von Unbewusstheit.«

Eckhart Tolle

Das Wundermittel Bewusstsein

Bewusstsein ist also das Wundermittel, das uns helfen kann, aus dem Hamsterrad auszusteigen und den Stress zu verringern.

Bewusstsein ist die Fähigkeit, mit dem Verstand und den Sinnen die Umwelt zu erkennen und zu verarbeiten. Es ist also ein Zustand des Wahrnehmens, in dem wir wirklich mitbekommen, was geschieht. Sein »Gegenpol« ist das Unterbewusstsein, also jener Teil unseres Gehirns, der Dinge steuert, die wir nicht wahrnehmen, jedenfalls nicht primär. Das Unterbewusstsein bezieht sich also auf die Automatismen in unserem Leben.

Diese Automatismen sind für unser Leben durchaus wichtig. Müssten wir alles über unser Bewusstsein steuern, kämen wir aus dem Nachdenken gar nicht mehr heraus. Jeder Handgriff würde unendlich viel Zeit kosten, und wir brauchten für einfache Dinge Stunden. Selbst wenn wir diese Zeit hätten, es wäre ein sehr uneffektives Leben.

Da wir aber nicht alle Zeit der Welt haben, überlassen wir viele Dinge des Lebens unserem Unterbewusstsein in der Hoffnung, dass dieses schon alles zu unserer Zufriedenheit regeln wird. Doch

das Unterbewusstsein hat seine eigenen Maßstäbe, die auf all den Erfahrungen gründen, die wir im Laufe unseres Lebens bis zum heutigen Tag gesammelt haben. Das heißt, diese Erfahrungen bestimmen zu einem großen Teil unser Denken, Fühlen und Handeln. In gewisser Weise sind wir also Marionetten unserer Vergangenheit.
Wie sieht das Leben einer Marionette aus? Die meiste Zeit hängt sie an einem Haken in der Ecke der Marionettenbühne und wartet darauf, bis sie endlich ihren großen Auftritt hat. Doch wenn dieser gekommen ist, zieht ein Fremder von oben fleißig die Fäden und bewegt die Marionette nach seinen Vorstellungen. Eigenes Handeln gibt es dabei nicht. Wollen Sie sein wie eine Marionette?

»Ob du denkst, du kannst es, oder denkst, du kannst es nicht: Du wirst auf jeden Fall recht behalten.«

Henry Ford

Aber ich handle doch selbstständig, da gibt es keinen anderen, der mich steuert, werden Sie jetzt vielleicht sagen. Richtig, es gibt niemand anderen, es sind Sie selbst. Oder vielmehr: Es ist Ihr Unter-

Eisbergmodell des Bewusstseins

Aktuelle Erfahrungen
Bewusste Wahrnehmungen
Tägliche Aufgaben
Lernprozesse
Gedanken

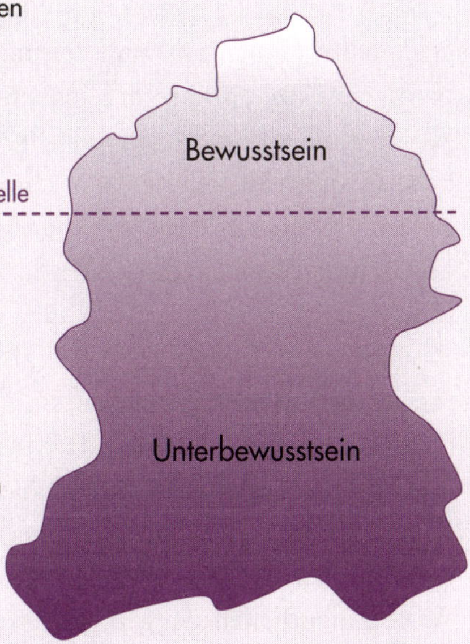

Bewusstseinsschwelle

Vertrauen
Werte
Glaubenssätze
Überzeugungen
Erlernte Routinen
Denkmuster
Programme
Blockaden
Instinkte
Ängste

bewusstsein, das Sie steuert. Das Problem ist nur, dass es eben nicht immer das macht, was Ihr Wohlbefinden fördert. Das klingt zunächst völlig paradox, denn jeder von uns möchte sich wohlfühlen.
Doch leider sind wir durch all die Dinge, die wir in der Vergangenheit erlebt haben, nicht grundsätzlich auf das Erreichen von Wohlbefinden programmiert. Haben uns zum Beispiel unsere Eltern permanent als unfähig bezeichnet, war das dem Wohlbefinden damals schon nicht gerade förderlich. Häufig übernehmen wir derart unbedachte Botschaften in unser Selbstbild und formen daraus innere Einstellungen, die weder der Förderung unseres Selbstwertgefühls noch dem Erreichen von Wohlbefinden dienen. Vor allem als Kind integrieren wir gerne derlei Botschaften von unseren Eltern oder unserem Umfeld, da wir unbewusst davon ausgehen, dass diese recht haben oder nur das Beste für uns wollen. Inwiefern das tatsächlich das Beste ist, steht jedoch auf einem anderen Blatt.
Wir verinnerlichen diese Bilder und gehen fortan unbewusst davon aus, dass sie der Wahrheit entsprechen. Sie werden nicht mehr hinterfragt, sondern zu unserem eigenen Leitbild gemacht. Wir nehmen nicht mehr wahr, dass wir Überzeugungen folgen, die uns am Erreichen von Wohlbefinden hindern.

Eine dieser Überzeugungen ist beispielsweise der Gedanke, durch mehr Arbeit und Fleiß auch mehr Anerkennung zu bekommen. Dies ist häufig ein wichtiger unbewusster Glaubenssatz, der zur Entstehung von Stress beiträgt. Anerkennung ist eine wesentliche Triebfeder im Leben. Sie kennen alle dieses freudige Gefühl, ein Lob zu erhalten. Anerkennungsjunkies können gar nicht genug davon bekommen. Sie werden also alles daransetzen, um Anerkennung zu ernten. Dabei gehen jedoch stressanfällige Personen häufig unbemerkt über ihre Leistungsgrenzen hinaus. Auch wenn sie schon müde sind, arbeiten sie immer weiter, denn es könnte ja noch eine Extraportion Anerkennung geben. Ein unheilvoller Teufelskreis beginnt, denn nicht selten bleibt die erhoffte Anerkennung schlichtweg aus.

Es ist unser Unterbewusstsein, das uns in diesem Moment antreibt. Und leider lässt es uns nicht immer zu unserem Besten handeln.

»Eine radikale Transformation kann es nur geben, wenn wir unsere eigene Konditionierung verstehen und frei davon sind.«

Jiddu Krishnamurti

Auf anderen Verhaltensebenen läuft dies genauso ab. Haben wir beispielsweise durch Erfahrungen in der Vergangenheit gelernt, dass das Vertreten unserer Meinung unangenehme Folgen haben kann, dann werden wir auch Dinge zulassen, die uns nachhaltig stressen, statt uns zu wehren und gut für uns zu sorgen, obwohl es im Grunde widersinnig ist. In diesem Fall überwiegt zunächst die Angst vor Sanktionen gegenüber unserem Ruhebedürfnis. Damit ist auch Angst ein häufiger Faktor für Stress, denn sie hält uns davon ab, zu widersprechen und unsere wirkliche Meinung zu sagen. So lassen wir zum Beispiel zu, dass uns unser Chef mit einem Berg voll Arbeit überschüttet, den wir eigentlich alleine gar nicht bewältigen können. Wir geraten in Stress. Sie werden nun sagen, es ist doch nicht meine Entscheidung, dass mein Chef mich stresst. Doch das stimmt nicht ganz. Sie können zwar das Verhalten Ihres Chefs nicht kontrollieren, doch die Auswirkung auf Sie können Sie beeinflussen. Und genau um diese geht es. Sie können beeinflussen, welche Auswirkungen das Verhalten Ihres Chefs auf Sie hat, wenn Sie sich bewusst machen, was in diesem Moment mit Ihnen passiert. Dadurch holen wir unsere Empfindungen aus den Tiefen des Unterbewusstseins und entreißen sie damit auch den automatisierten Handlungsmustern.

Fazit

Der Weg zum Stressausstieg beginnt mit dem klaren Bewusstmachen des Ist-Zustandes. Verhindern unangenehme Gefühle eine Entscheidung, die dem Ausstieg aus einer Stressfalle dienen könnte, so können wir nur durch Bewusstmachen dieser Gefühle und deren Auswirkungen auf unsere Entscheidung eine positive Veränderung erreichen. So kann es gelingen, einen Weg einzuschlagen, der zum gewünschten Ziel der Stressreduktion führt.

3

Gefühle und Bedürfnisse

All unser Denken und Handeln wird von Gefühlen geprägt, Gefühlen wie Freude, Trauer, Wut oder Angst. Unsere Gefühlswelt ist bunt und vielfältig, und doch fällt es uns oft schwer, unsere Emotionen in Worte zu fassen. Oft behelfen wir uns daher mit Umschreibungen wie »Heute geht es mir gut« oder »Ich fühle mich schlecht«. Welche Empfindungen sich jedoch hinter diesen Umschreibungen verbergen, machen wir uns häufig gar nicht wirklich bewusst. Dabei ist gerade das achtsame Wahrnehmen der eigenen Gefühle und Bedürfnisse ein wichtiger Schritt zur Stressbewältigung.

Die Basis unseres Denkens und Handelns

Wir alle sehnen uns nach angenehmen Gefühlen und wollen die unangenehmen so weit wie möglich verbannen. Doch das gelingt nicht immer. Schmerzliche Gefühle machen sich in uns breit wie Nebelschwaden in einem finsteren Tal. Sie hängen zäh und unbeweglich über uns und lassen uns auf der Suche nach Wohlbefinden immer wieder straucheln. Für manche von uns wird der Nebel sogar zum Dauerzustand, wenn die positiven Gefühle den Schleier nicht mehr zu durchdringen vermögen.

Diesen Zustand beschreiben wir dann als Depression. Der Begriff Depression leitet sich von dem lateinischen Wort *deprimere* – niederdrücken ab. All die Freude, die wir einst empfunden haben, wird niedergedrückt durch die dicken Nebelschwaden der negativen Gefühle. Unzählige Menschen sind deswegen Tag für Tag unglücklich und greifen in ihrer Not nicht selten zu Alkohol oder Medikamenten. ***Den wenigsten Menschen ist klar, dass sie Einfluss darauf nehmen können, wie sie sich fühlen, und dass Achtsamkeit und ein bewusster Umgang mit den eigenen Gedanken,***

Gefühlen und Bedürfnissen dazu führt, dass sich die Nebelschwaden lichten.

Warum ist das so und welche Rolle spielen dabei unsere Gefühle und Bedürfnisse? Gefühle entstehen in uns, ob wir wollen oder nicht. Wir bewerten Ereignisse um uns herum auf der Basis von Erfahrungen, die wir im Laufe unseres Lebens gesammelt haben. Dadurch entstehen Gefühle, die zu Gedanken werden. Unsere Gedanken bestimmen wiederum unser Handeln und damit auch, wie wir mit Stress umgehen.

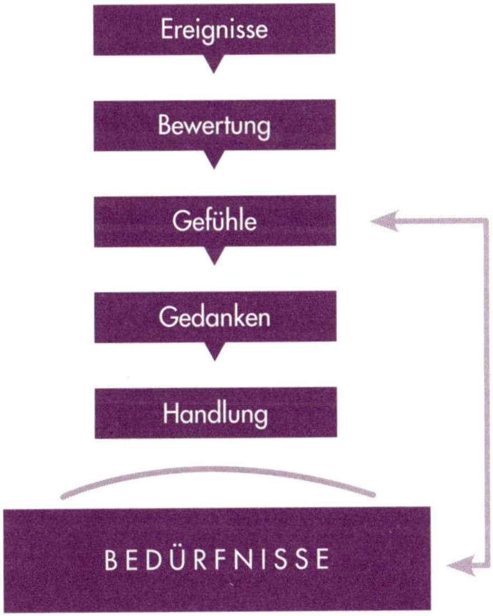

Bedürfnisse verstehen

Eine weitere wichtige Grundlage für die Entstehung von Gefühlen bilden unsere Bedürfnisse. Bedürfnisse sind das Verlangen oder der Wunsch, einem empfundenen oder tatsächlichen Mangel Abhilfe zu schaffen. Ihre Erfüllung bringt uns Wohlbefinden. Haben wir Hunger, fühlen wir uns nach dem Essen besser. Sind wir müde, wollen wir schlafen. Sind wir gestresst, suchen wir nach Ruhe. Daher sind auch schmerzliche Gefühle nicht wirklich negativ, denn sie weisen uns auf unerfüllte Bedürfnisse hin.

Gründe, warum wir dem Stress jedoch oft mehr Raum geben als unserem Ruhebedürfnis, sind meist unser Streben nach Anerkennung oder unsere Angst, Zuneigung zu verlieren. Wie durch die Fäden einer Marionette werden wir in Aktion versetzt. Unser Gehirn setzt alles daran, um Anerkennung und Zuneigung zu bekommen. Andere Informationen blendet es aus, u.a. auch jene Mechanismen, die uns vor Überlastung schützen sollen. Unser Gehirn ist jedoch auf Informationen aus seiner Umgebung angewiesen, um sinnvolle Entscheidungen zu treffen. Treffen diese Daten nicht ein oder werden blockiert, ist das so, als gingen wir einkaufen, ohne einen Cent in der Tasche. Es fällt uns erst zu spät auf, dass etwas nicht stimmt.

Gefühle - Helfer und Handicap

Doch warum blockiert unser Gehirn die Weitergabe von so wichtigen Informationen wie dem Ruhebedürfnis? Stellen Sie sich vor, Sie stehen Ihrem Chef gegenüber und würden ihm am liebsten ordentlich die Meinung geigen und danach die Kündigung auf den Tisch schmettern. Zunächst eine wahrlich wunderbare Vorstellung! Allein der Gedanke daran könnte unmittelbare Glücksgefühle auslösen, wäre da nicht diese warnende Stimme im Hinterkopf, die uns zuflüstert, dass wir besser die Klappe halten sollten, da wir sonst ohne Job dastehen. Dieser Souffleur heißt Angst und kann ein machtvoller Stressor sein.

Zunächst ist Angst aber ein wichtiges Gefühl. Sie macht uns aufmerksam auf Gefahren, ermahnt uns, vorsichtig zu sein. Ohne Angst wäre die Menschheit schon längst ausgestorben. Trotz ihrer bedeutsamen Aufgabe kann sie jedoch unserem Bedürfnis nach Wohlbefinden wie ein Fels im Weg stehen. Denn im ersten Moment hat die Angst die schlagkräftigeren Argumente: Was ist schon Glück und Wohlbefinden, wenn es ums nackte Überleben geht? Nicht viel! Es geht aber eben nicht immer ums nackte Überleben. Also müsste sich auch die Angst nicht jedes Mal lautstark zu Wort melden. Diesen Unterschied macht sie jedoch nicht und treibt uns damit, aus dem Unterbewusstsein agierend, zu Handlungsweisen, die nicht immer nötig wären. So warnt sie uns auch nicht nur in dem Fall, wenn wir im Job Lust hätten, alles hinzuschmeißen, sondern auch dann, wenn wir lediglich kritisch anmerken wollen, dass der vom Vorgesetzten gewünschte Zeitplan zu eng oder seine Vorgehensweise nicht effektiv ist.

Angst gehört zu jenen Reaktionen, die unser Gehirn ohne unser bewusstes Zutun managt. Das macht Sinn, denn wenn wir erst überlegen müssten, ob unsere Angst nun berechtigt ist oder nicht, wäre es zumindest in Urzeiten zur Flucht fast immer zu spät gewesen. Doch heute müssen wir ja in der Regel nicht mehr fliehen. Welchen Sinn hat Angst also noch?

Sie möchte uns nach wie vor schützen. Es sind aber meist keine lebensbedrohlichen Situationen mehr, vor denen uns die Angst bewahren muss. In unserem modernen Alltag gäbe es oft wunderbare Alternativen für eine Angstreaktion. Würden wir unseren Job tatsächlich verlieren, so wäre das natürlich zunächst sehr unangenehm. Sie sagen jetzt vielleicht, dass dies sehr wohl existenzielle und

damit angsteinflößende Konsequenzen haben kann. Dennoch geht es zunächst nicht um etwas Lebensbedrohliches, es bedürfte also keiner Aktivierung der Flucht- und Kampfmechanismen.
Der Angst liegt jedoch immer ein weiteres Bedürfnis zugrunde. Grundlage des Gefühls Angst ist immer das Bedürfnis nach Sicherheit. Unser Unterbewusstsein unterscheidet nicht, welche Ursachen die Angst hat. Es reagiert stets nach dem gleichen Schema und stellt Energie zur Bewältigung der Situation zur Verfügung. Oft treffen dabei mehrere Stressfaktoren zusammen, zum Beispiel der fordernde Boss auf der einen Seite (Angst, es nicht zu schaffen) und die Angst, beim Durchsetzen der eigenen Bedürfnisse Ärger zu bekommen, auf der anderen Seite (Angst vor Kritik, Verlust von Zuwendung). Diese Stressfaktoren stellen uns im ersten Moment vor einen schier unlösbaren inneren Konflikt (Selbstfürsorge versus Angst), der durchaus zur Zerreißprobe werden kann.

»Nicht weil es schwer ist, wagen wir es nicht, sondern weil wir es nicht wagen, ist es schwer.«

Lucius Annaeus Seneca

Da dieser Konflikt zunächst unbewusst ist, geht es darum, ihn wahrzunehmen und zu erkennen, wodurch das derzeitige Unwohlsein entstanden ist. Denn nur dann können wir überprüfen, ob die momentane Angst überhaupt berechtigt ist, und werden dadurch offener für Alternativen. Oft sind wir nämlich durch unsere Angst im eigenen Denken festgefahren. Wir sehen keine Alternativen zu dem, was wir gerade tun. Die Angst hält uns fest wie Sekundenkleber. Alleine schon die Vorstellung, den Chef offen zu kritisieren, lässt manche Menschen fürchten, damit den Job aufs Spiel zu setzen. Den Verlust des Jobs empfinden wir als Katastrophe und wir machen uns Sorgen, wie es in Zukunft weitergehen soll. Bis zu einem gewissen Punkt ist diese Angst verständlich, doch wenn wir ihr zu viel Raum geben, verlieren wir schnell den Blick für mögliche Alternativen.
Dazu kommt, dass es in der menschlichen Entwicklungsgeschichte zunächst kaum Alternativen zu Flucht oder Kampf gab. Diese Erfahrung ist so tief in unseren alten Hirnregionen und damit in den Bereichen des Unterbewusstseins verankert, dass wir oft erst lernen müssen, die Existenz von Alternativen zu begreifen und nach ihnen zu suchen.
Dass es im Grunde so gut wie immer Alternativen gibt, sehen wir am Beispiel von Thomas Alva

Edison, dem Entwickler der Glühbirne. Er benötigte rund 1200 Versuche (!), um diese technische Errungenschaft endlich serienreif zu machen. Nach jedem missglückten Versuch entwickelte er eine Alternative, einen Plan, was er anders machen könnte, um seinem Ziel ein Stück näher zu kommen. Hätte er Angst gehabt zu versagen, wären wir wahrscheinlich noch lange bei Kerzenlicht gesessen.

Verlieren Sie Ihren Job, brauchen Sie sicher keine tausend Versuche, um einen neuen Weg einzuschlagen. Wie Thomas Alva Edison brauchen Sie nur die Fähigkeit, neue Visionen zu entwickeln. Letztlich reicht es, wenn nur eine davon Sie weiterbringt.

Im Grunde geht es also darum, stressverursachenden Gefühlen auf den Zahn zu fühlen und nach Alternativen zu suchen. Unsere Angst ist sehr schnell dabei, allerlei Gründe aufzuzählen, warum das angeblich nicht möglich wäre. Denken Sie an Edison und erlauben Sie sich, das scheinbar Unmögliche für möglich zu halten und dabei den festen Glauben an die eigenen Fähigkeiten nicht zu verlieren. Dabei steht uns bisweilen unser nicht immer ganz stimmiges Selbstbild im Wege. Vermeintlich unscheinbare Glaubenssätze wie »Das schaff ich nicht«, »Das habe ich noch nie gekonnt«

oder »Das geht eben nicht« hemmen uns auf der Suche nach Wohlbefinden und Ruhe. Was wir aber tatsächlich können oder nicht können, zeigt sich erst, wenn wir es versucht haben. Edison hat rund tausend Anläufe genommen, um die Glühbirne zu entwickeln. Wie oft suchen Sie nach Alternativen? Meistens würden schon wenige Male genügen, um Ihr Ziel zu erreichen!

Fazit

Alles, was in unserem Leben passiert, erzeugt in uns Gefühle. Daraus entstehen Gedanken und Handlungen. Grundlage all dessen sind unsere Bedürfnisse. Wollen wir also lernen, mit Stress adäquat umzugehen, so ist es unumgänglich, die eigenen Bedürfnisse kennenzulernen und dafür zu sorgen, dass sie mit geeigneten Strategien befriedigt werden. Dabei sollte unser Ruhebedürfnis im Vordergrund stehen und nicht durch Ängste oder andere belastende Glaubenssätze unterdrückt werden.

ÜBUNG

Was war heute gut?

Sie haben einen ganzen Tag hinter sich oder auch einen wichtigen Abschnitt in Ihrem Leben. Das kann ein Meeting gewesen sein, ein Treffen mit Freunden, ein Ausflug oder vieles andere mehr. Blicken Sie zurück und lassen Sie alles, was Sie erlebt haben, nochmals Revue passieren. Und dann stellen Sie sich die Frage:

Was war heute neu und gut?

Sie werden dadurch Ihre Erlebnisse aufmerksamer mit Ihrem Bewusstsein begleiten und haben mit der Beantwortung dieser Frage am Schluss auch die Möglichkeit, die wichtigsten und/oder schönsten Dinge besser in Erinnerung behalten. Zusätzlich dient diese Frage auch der Schaffung einer positiven Gefühlslage. Wir neigen nämlich dazu, uns eher die unangenehmen Dinge zu merken und die angenehmen als allzu selbstverständlich anzusehen.

4

Mit Achtsamkeit aus dem Hamsterrad

»Statt zu sagen: Sitz nicht einfach nur da – tu irgendetwas, sollten wir öfter das Gegenteil fordern: Tu nicht einfach irgendetwas – sitz nur da.«

Thich Nhat Hanh

Es ist die Praxis der Achtsamkeit, die uns dabei helfen kann, unseren Gefühlen und Bedürfnissen mit der nötigen Aufmerksamkeit zu begegnen und zu einem entspannteren Leben mit weniger Stress zu finden.

Was bedeutet Achtsamkeit?

Jon Kabat-Zinn, einer der großen Pioniere der modernen Achtsamkeitspraxis, beschreibt Achtsamkeit als eine Form der absichtsvollen Aufmerksamkeit, die sich auf den gegenwärtigen Moment bezieht. *Achtsamkeit ist eine grundlegende menschliche Fähigkeit, die uns jedoch nicht immer so einfach zur Verfügung steht. Wir können sie jedoch bewusst kultivieren und verstärken. Im Vordergrund steht dabei, Dinge zunächst nur wahrzunehmen, ohne sie zu bewerten.* Bewertungen nimmt unser Gehirn nahezu automatisch vor, um sich rasch im Leben zurechtzufinden. Der Sinn von Achtsamkeit liegt also darin, diesen Mechanismus bewusst zu umgehen, um belastende Handlungsmuster hinter sich zu lassen und das eigene Leben neu in die Hand zu nehmen.

Das erscheint zunächst anstrengend und erfordert einiges an Übung. Unser Gehirn unterstützt uns dabei auch anfangs nicht immer freiwillig. Wozu eine liebgewonnene Routine aufgeben und etwas Neues wagen, wenn man nicht weiß, wohin einen das Ganze überhaupt führt? Es ist ein Schritt ins Unbekannte. Doch unser Bewusstsein kann uns helfen, diesen anfänglichen Widerstand zu überwinden.

Was haben wir von mehr Achtsamkeit? Wir kommen weg von Oberflächlichkeiten und gewinnen an geistiger und seelischer Tiefe. Achtsamkeit ist eine Absage an die schnelle Befriedigung von Impulsen und dient einer bewussteren Wahrnehmung der Welt, ohne dabei in alte und bisweilen ungünstige Denkmuster zurückzufallen. Wir lassen uns mehr auf den Moment ein, richten unseren Fokus auf das Hier und Jetzt. Denn es ist die Gegenwart, in der wir leben. Und nur in der Gegenwart können wir Dinge gestalten und damit auch unsere Zukunft beeinflussen. Wir geben dem Augenblick eine andere Qualität, machen ihn wertvoller. Wir lernen, unser Leben bewusst zu gestalten, jenseits der eingefahrenen Muster, die unser Gehirn ansonsten abspulen würde.

»Wenn wir wirklich lebendig sind, ist alles, was wir tun oder spüren, ein Wunder. Achtsamkeit zu üben bedeutet, zum Leben im gegenwärtigen Augenblick zurückzukehren.«

Thich Nhat Hanh

ÜBUNG

Beobachten statt bewerten

Informationen, die unser Gehirn über die Sinneseindrücke erreichen, werden dort in der Regel sofort mehr oder weniger unbewusst interpretiert und damit in Schubladen eingeordnet. Achtsamkeit basiert auf der reinen Wahrnehmung von Ereignissen oder Dingen, ohne diese gleich zu interpretieren oder als negativ oder positiv zu bewerten. Das ist auch die Grundlage der empathischen oder gewaltfreien Kommunikation (GFK), die heute vielfach in der Mediation und zwischen Konfliktparteien angewandt wird.
Üben Sie, zunächst nur wahrzunehmen, was um Sie herum passiert, ohne dieser Wahrnehmung automatisch eine Bedeutung zu geben. Was sind die reinen Tatsachen? Viele zwischenmenschliche Konflikte entstehen, weil sich das Gegenüber durch eine Bewertung angegriffen fühlt und mit einer abwehrenden Reaktion zurückschießt. Wie bei einem Pingpong-Spiel schaukeln sich die Parteien damit oft immer weiter hoch.

Unterscheiden Sie bei folgenden Aussagen die Sätze, die eine Beobachtung ausdrücken, von denen, die eine Bewertung enthalten.

1. Meine Frau redet zu viel.
2. Du kommst immer zu spät.
3. Meine Oma ist ein wunderbarer Mensch.
4. Gestern bin ich mit Thomas spazieren gegangen.
5. Dein neuer Mantel ist altmodisch.
6. Dein neuer Mantel gefällt mir nicht.
7. Wir haben diesen Monat 270 € für Essen ausgegeben.
8. Deine Socken liegen andauernd auf dem Boden herum.
9. Martina kam diese Woche jeden Tag eine Stunde später nach Hause.
10. Das hast du falsch gemacht.
11. Du hast die Zahnpastatube offen gelassen.
12. Ständig lässt du die Zahnpastatube offen.
13. Gestern warst du viel besser drauf als heute.
14. Ich sehe dich lachen.
15. Im Fernsehen kommen keine guten Filme mehr.
16. Ich finde keine Filme mehr, die mir gefallen.
17. Du warst früher aufmerksamer als heute.
18. Mit dem, was du gerade gesagt hast, wolltest du mich kritisieren.
19. Wenn ich dir zuschaue, bekomme ich Angst.
20. Du bist heute sehr unfreundlich.

Die Auflösung finden Sie am Ende des Buches auf S. 108.
Noch ein Hinweis: Aussagen mit »immer«, »ständig«, »andauernd«, »die ganze Zeit«, »schon wieder« riechen bereits nach einer Bewertung. Ganz selten ist eine Sache »immer« oder »andauernd«. Selbst die Sonne wird nicht immer aufgehen, denn eines Tages wird es sie nicht mehr geben.
Einfache Alltagssituationen bieten viel Trainingsmaterial. Mit der Zeit werden Sie ein gutes Gespür dafür bekommen, was Bewertung und was Beobachtung ist.

Stress und Anspannung weichen damit einer inneren Balance, und unser Leben erhält mehr Fülle. Wir werden zu Architekten unseres eigenen Hauses und entwerfen es nach eigenen Plänen, frei von so mancher Konvention, deren Sinn nicht wirklich geklärt ist. Wir werden von Beherrschten zu Beherrschern, von Marionetten zu selbstbestimmten Wesen.

Unsere Reaktion hängt von unserer Bewertung ab

Stellen Sie sich vor, Sie laufen auf einem Gehweg entlang, und in der Ferne kommt Ihnen eine Person entgegen, mit hängendem Kopf, den Blick fest zu Boden gerichtet. Auch als die Person näher kommt, ändert sich nichts an ihrer Haltung. Doch als Sie direkt auf gleicher Höhe sind, blickt die Person plötzlich auf, sagt: »Du Blödmann!«, und geht dann wieder völlig ungestört weiter. Wie reagieren Sie?

Bei einem solchen Erlebnis können Ihnen verschiedene Gedanken durch den Kopf gehen. Diese hängen davon ab, wie Sie selbst in dem Moment gestimmt sind, aber natürlich auch von Ihrem eigenen Erfahrungshintergrund. Sie könnten zum Beispiel denken: »Was fällt denn dem/der ein? Frechheit!« Sie könnten den Vorgang aber auch mit einem Schulterzucken abtun, denn warum sollten Sie denn überhaupt gemeint gewesen sein?

Je nachdem, ob Sie die Worte der Person auf sich beziehen oder nicht, werden Sie unterschiedliche Gefühle entwickeln. Im ersten Fall empfinden Sie wahrscheinlich Wut oder Aggression. Im zweiten Fall wird sich vielleicht höchstens etwas Neugierde einstellen.

Da Sie nicht wissen, was diesem Menschen wirklich durch den Kopf gegangen ist, bleibt alles Ihrer Interpretation überlassen. Diese läuft in der Regel vollautomatisiert in unserem Gehirn ab, basierend auf den dort gespeicherten Erfahrungen. Je nach Interpretation werden Sie also ganz

unterschiedliche Gefühle mit der Situation verbinden.
Wollen Sie in diesem Moment bewusst keine Wut empfinden, müssen Sie der Situation mit Achtsamkeit begegnen. Nehmen Sie sie einfach nur wahr, ohne dem Bewertungsautomatismus zu folgen. Bleiben Sie bei der reinen Wahrnehmung, so werden Sie sehr wahrscheinlich zu dem Schluss kommen, dass Sie gar nicht wissen können, ob Sie gemeint waren, und die ganze Situation wird Sie nicht aus der Ruhe bringen. Sie haben also die Wahl zwischen einem potenziellen Wutausbruch und innerer Balance. Wofür würden Sie sich entscheiden?

ÜBUNG

Bewertungen verwandeln

Mit dieser Übung lernen Sie eine Bewertung, die Ihr Gehirn Ihnen spontan anbietet, in eine reine Beobachtung »umzuwandeln«. Die folgenden Sätze sind Bewertungen. Bevor Sie die Lösungsvorschläge anschauen, überlegen Sie, wie Sie Sätze in Beobachtungen umwandeln könnten.

1. Mein Chef ruft mich nie zurück.
2. Herr Mayer ist schon wieder viel zu spät.
3. Ihr Freund nutzt sie einfach nur aus.
4. Du trinkst zu viel.
5. Unser Nachbar leistet sich mehr, als er kann.
6. Du redest immer so viel.
7. Frau Müller gibt mit ihrer Kleidung immer so an.
8. Die Nachbarn müssen ja viel Geld haben.
9. Du schaust mich so komisch an.
10. Sein Vortrag war langweilig.

Lösungsvorschläge (mehrere Lösungen sind möglich):

1. Ich habe meinen Chef mehrmals um Rückruf gebeten, aber keinen erhalten.
2. Herr Mayer kommt 30 Minuten nach der vereinbarten Zeit.

3. Sie hat ihrem Freund vor zwei Wochen 100 Euro geliehen und jetzt fragt er sie erneut, ob sie ihm wieder Geld leihen kann.
4. Diese Woche hast du einen Kasten Bier getrunken.
5. Unser Nachbar arbeitet als Kassierer an der Supermarktkasse und hat sich ein neues Auto für 50 000 Euro gekauft.
6. Ich würde gern einmal von mir erzählen.
7. Frau Müller hat eine große Auswahl an Kleidung.
8. Die Nachbarn leisten sich mehr Sachen als wir.
9. Dein Blick verunsichert mich.
10. Bei seinem Vortrag sind einige Leute eingeschlafen.

»Achte auf deine Gedanken, denn sie werden zu Worten.
Achte auf deine Worte, denn sie werden zu Handlungen.
Achte auf deine Handlungen, denn sie werden zu Gewohnheiten.
Achte auf deine Gewohnheiten, denn sie werden dein Charakter.
Achte auf deinen Charakter, denn er wird dein Schicksal.«

Chinesisches Sprichwort

Wahrnehmen von Gefühlen + Achtsamkeit = Einstieg in die Stressbewältigung

Zwischen Ereignis und Reaktion liegt das Gefühl. Es verbindet die Dinge im Außen mit dem Inneren. Damit wird es zum Lotsen in unserem Leben. Geht dieser Lotse über Bord, kommen wir vom Kurs ab. Wir treiben im Meer des Unbewussten und laufen Gefahr, an den Klippen der Realität zu zerschellen. Unsere Bedürfnisse sind dabei die Datenbank, mit der unser Gehirn ständig die Realität vergleicht. Jede Abweichung wird sofort zurückgemeldet und erzeugt dann ein Gefühl. Wer diesen Mechanismus kennt, der kann Klippen umschiffen und wird seinen Zielhafen sicher erreichen.

Machen Sie sich bewusst, dass alles, was auch immer um Sie herum passiert, irgendein Gefühl erzeugt. Grundsätzlich geht es dabei um ein »okay« oder »nicht okay«, darum, ob das, was sich ereignet hat, für Sie in Ordnung ist oder nicht.

Bei Kleinigkeiten nehmen wir diese Gefühle kaum wahr. Handelt es sich hingegen um schwerwiegendere Dinge, sind die dadurch ausgelösten Gefühle entsprechend intensiv. Ist Ihr Chef beispielsweise übel gelaunt und projiziert dies auf unangenehme

Art und Weise auf Sie, so hat dies in der Regel durchaus großen Einfluss und kann Sie tagelang beschäftigen. Im schlimmsten Fall können sich die dadurch ausgelösten Gefühle sogar dauerhaft in Ihrem Kopf festsetzen. Es entsteht ein Stresszustand. »Wenn ich den in der Früh bloß sehe, wird mir schon ganz anders.« In einer solchen Situation ist das Gefühl der Wut nicht weit. Ob es nun der Chef, der Partner, die Kinder oder die heiß geliebte Schwiegermama ist, jeder kann so ein Gefühl in uns auslösen.

Welche Auswirkung hat dies im weiteren Verlauf? Entweder wir wehren uns oder wir schlucken alles brav hinunter, denn wie soll ich meinem Chef jetzt sagen, dass ich ihn so unwiderstehlich finde wie ein Nagelkissen? »Meine Faust will unbedingt in sein Gesicht und darf nicht«, heißt es so treffend in einem Lied von Herbert Grönemeyer.

In der Regel würde sich unsere Wut nun nach außen richten, also gegen den Verursacher. Da uns dies aber nicht immer praktikabel erscheint, geht sie häufig entweder nach innen, oder wir projizieren sie (wie vielleicht auch vorher unser Chef) auf den Nächstbesten, der uns über den Weg läuft. Am unproblematischsten erscheint unserem Gehirn dabei oft die häusliche Bühne, denn dort kann man sich ja so geben, wie man ist. Der Partner wird das Ganze bestimmt eher verstehen, hoffen wir. Doch damit schaffen wir uns die nächste Problemzone und den nächsten Stress, denn auch der Partner möchte nicht immer der Prellbock sein. Um stressfreier zu leben, bleibt uns also nichts anderes übrig, als uns eine andere Strategie zu überlegen.

> »Jeder kann wütend werden, das ist einfach. Aber wütend auf den Richtigen zu sein, im richtigen Maß, zur richtigen Zeit, zum richtigen Zweck und auf die richtige Art, das ist schwer.«
>
> *Aristoteles*

Spüren wir das Gefühl der Wut in uns aufsteigen, können wir sicher sein, dass eines oder mehrere unserer Bedürfnisse nicht erfüllt sind. Diesen auf die Spur zu kommen hilft uns, die tieferen Ursachen eines Stresszustands zu verstehen, denn die Übellaunigkeit des Vorgesetzten ist nur der Auslöser!

Es bleibt uns also letztendlich nicht erspart, auf uns selbst zu schauen. Nur so können wir uns mit unseren Gefühlen und Bedürfnissen verbinden. Auch wenn dies im ersten Moment ungewohnt sein mag, es lohnt sich! Unangenehme Gefühle landen näm-

lich ansonsten schnell in einer Schublade und werden verdrängt. Doch durch die Ablage im seelischen Papierkorb sind sie leider nicht verschwunden. Wir können zwar einen Deckel darauflegen und die Gefühle damit vermeintlich unsichtbar machen, doch bei nächstbester Gelegenheit fliegt uns der Deckel mitsamt dem angestauten Inhalt um die Ohren. Wir reagieren überzogen, bis hin zum Ausraster oder gar Zusammenbruch.
Es macht also keinen Sinn, Gefühle und Bedürfnisse zu ignorieren, denn sie sind unsere unsichtbaren Lotsen auf dem Weg zu mehr Wohlbefinden. Wollen wir dieses Ziel erreichen, dann geht das nur über das Zulassen und Sichbewusstmachen der eigenen Gefühle und Bedürfnisse. Ohne Zugang zu diesen essenziellen Grundlagen unseres Lebens bleibt echtes Wohlbefinden für uns unerreichbar.

Gefühle benennen

Achtsamkeit kann uns helfen, diesen Zugang zu unseren Gefühlen und Bedürfnissen zu finden. Ich achte auf das, was sich tief in mir abspielt. Ich nehme wahr, wie es mir geht. Ich gebe dem Gefühl einen Namen. Ich bin traurig oder enttäuscht, bin ärgerlich oder voller Freude, bin müde oder voller Energie. Das klare Benennen eines vorhandenen

Gefühls macht es uns wesentlich leichter, nach Ursachen für einen Stresszustand zu forschen und dann das Gefühl mit unserer Bedürfniswelt zu verbinden.

Wenn Sie zum Beispiel jemanden bei etwas unterstützen, erwarten Sie in der Regel dafür irgendeine Form der Anerkennung oder Wertschätzung. Bleibt diese aus, fühlen wir uns schlecht. Das dahinterliegende Gefühl ist Enttäuschung.

Wenn wir unserem Gegenüber nun lediglich mitteilen, dass wir uns »schlecht« fühlen, kann dieser wahrscheinlich nur wenig damit anfangen. Mit dem Wort »Enttäuschung« kann er hingegen viel leichter einen Bezug zu seinem Handeln herstellen. Grundsätzlich wollen wir ja niemanden einfach so enttäuschen und reflektieren daher wesentlich schneller unser eigenes Agieren. Auch wenn Sie beispielsweise am Arbeitsplatz gestresst sind, hilft ein genaues Benennen der Situation: Anstatt zu sagen: »Mir geht es nicht gut«, wird Ihnen ein »Ich bin müde und ausgelaugt, zeitweise fühle ich mich überfordert« oft mehr weiterhelfen. Denn Ihr Umfeld kann so leichter einen konkreten Bezug zu Ihrer hohen Arbeitsbelastung herstellen.

Je klarer wir also unseren jeweiligen Ist-Zustand benennen, desto leichter kann unser Gegenüber die Situation erspüren, denn auch unsere Mitmenschen werden schließlich von Gefühlen bewegt. Das gilt sogar für Ihren Chef. Auch er ist nur ein Mensch, der die gleichen grundlegenden Bedürfnisse hat wie wir. Damit erstreckt sich Achtsamkeit also nicht nur auf uns selbst, sondern auch auf unsere Umgebung. Hinter jedem Chef und hinter jedem anderen Menschen, mit dem wir ein Problem haben, steckt eine Geschichte. Diese müssen wir nicht unbedingt kennen. Es genügt vollkommen, wenn wir uns klarmachen, dass auch unser Gegenüber Gefühle und Bedürfnisse hat.

Fazit

Gefühle und Bedürfnisse sind unsere Lotsen zum Wohlbefinden. Gefühle zeigen uns, ob eine Situation für uns stimmig ist oder nicht. Ihnen mit Achtsamkeit zu begegnen heißt, ihnen die Bedeutung zu geben, die sie haben, nämlich uns zurückzumelden, ob wir in der Balance sind oder nicht. Sie spiegeln uns ein nachvollziehbares Bild unseres Inneren wider und ermöglichen uns, dieses im nächsten Schritt adäquat unserem Umfeld mitzuteilen. Achtsamkeit uns selbst, aber auch unseren Mitmenschen gegenüber hilft uns, emotionale Irrwege zu vermeiden und in der Balance zu bleiben.

5

Kommunikation als Transportmittel einer neuen Strategie

Sie wissen nun, dass die Lotsen in Ihrem Leben Ihre Gefühle und Bedürfnisse sind. Sie haben gelernt, dass Sie diesen mit Achtsamkeit näher kommen und sich mit ihnen verbinden können. Sie haben erfahren, dass Sie nur dann klar kommunizieren können, worum es Ihnen in Ihrem Leben geht, wenn Sie Ihre Gefühle und Bedürfnisse eindeutig benennen. Damit sind wir beim nächsten wichtigen Schritt zum Stressabbau angelangt, der Kommunikation.

Kommunikation als Werkzeug

Wenn Ihnen klar geworden ist, dass Ihr derzeitiger Zustand eher einer Flucht als einem sanften Dahingleiten ähnelt, dann ist es jetzt an der Zeit, genau dies Ihrem Umfeld mitzuteilen. Denn unsere Erkenntnisse taugen wenig, wenn wir sie für uns behalten. Wie soll unser Umfeld sonst wissen, was in uns vorgeht, was eine bestimmte Situation mit uns macht, was wir wirklich brauchen, damit es uns gut geht? Also kommunizieren Sie, teilen Sie sich mit!

Unter Kommunikation versteht man den Austausch oder die Übertragung von Informationen. »Information« ist in diesem Zusammenhang der Sammelbegriff für Wissen, Erkenntnisse oder Erfahrungen. Mit »Austausch« ist ein gegenseitiges Geben und Nehmen gemeint. Und »Übertragung« bedeutet, dass dabei Distanzen überwunden werden, dass Gedanken, Vorstellungen und Meinungen ein Individuum »verlassen« und in ein anderes »hineingelangen«.

Bestimmt ist Ihnen beim Lesen der letzten Seiten bereits die Frage durch den Kopf gegangen, ob Sie beispielsweise Ihren Chef oder Ihren Partner überhaupt mit Ihren Gefühlen und Gedanken konfrontieren können? Möglicherweise würden Sie dadurch ja eine Lawine lostreten, die Sie schlicht und einfach überrollt? Aber: Kommunikation ist das Transportmittel für Ihre Gefühle, Gedanken und Bedürfnisse. Nur wenn Sie diese mitteilen, hat Ihr Gegenüber eine Chance, darauf einzugehen, da eben kaum jemand aus der Glaskugel lesen kann. Gott sei Dank hat uns die Natur dafür ein Sprachzentrum und einen mechanischen Sprechapparat gegeben. Diese Instrumente gilt es jetzt intelligent zu nutzen, denn Kommunikation gelingt leider nicht immer reibungslos.

Kommunikation und ihre Fallstricke

Kommunikation beruht auf dem Senden von Botschaften, die dann beim Empfänger ankommen. Dieser besitzt einen Hörapparat, um die vom Sender stammenden Worte aufzunehmen. Damit passiert aber zunächst noch gar nichts, denn aufnehmen bedeutet noch nicht verstehen. Dazu brauchen wir wieder unseren Computer im Kopf, der die aufgenommenen Schallwellen dekodiert und wieder zu Worten und Sätzen zusammenbaut.
Das funktioniert jedoch nur in der Sprache, die wir gelernt haben. Das gegenseitige Verstehen ist damit schon erheblich eingeschränkt. Um das zu

erkennen, müssen wir noch nicht einmal ins Ausland reisen, denken Sie nur an den großen Unterschied zwischen Plattdeutsch und Bayerisch oder die unterschiedliche Bedeutung von so manchen Worten. Kauft sich zum Beispiel ein Bayer einen »Krapfen«, so sagt der Brandenburger »Pfannkuchen« dazu, während »Pfannkuchen« in Bayern wiederum eine ganz andere Leckerei sind.

»Wenn die Sprache nicht stimmt, dann ist das, was gesagt wird, nicht das, was gemeint ist.«

Konfuzius

Schwierigkeiten, sich verständlich zu machen, rühren jedoch oft nicht nur von der regional unterschiedlichen Bedeutung einzelner Worte her. Sie kennen sicher alle die Situation, dass Sie etwas sagen und Ihr Gegenüber etwas ganz anderes darunter versteht. Denn Worte können auch bei allgemein bekannter Bedeutung je nach Satz und Kontext sehr unterschiedlich interpretiert werden. Nehmen wir zum Beispiel das Wort »Nebel«. Es kann der Nebel gemeint sein, der sich im Herbst zart über das Land legt, oder der Nebel, den wir manchmal im Kopf verspüren, wenn uns mal wieder alles zu viel wird oder wir zu tief ins Glas geschaut haben. Im Grunde verstehen wir Worte natürlich in ihrem Kontext, doch bereits hier fängt der Interpretationsspielraum an. In manchen Situationen sind wir uns nicht ganz sicher, was mit einem bestimmten Wort gemeint ist, und interpretieren es aufgrund unserer Erfahrungen. Hier kommt es wieder zu einem Datenbankabgleich, und erst dann bekommen wir von unserem Gehirn die vermeintliche Bedeutung geliefert.

Warum wir oft nicht sagen, was wir eigentlich meinen

Und dann gibt es da noch ein ganz anderes Problem: Drücken wir immer das aus, was wir wirklich sagen wollen? Nein, gerade damit tun wir uns häufig schwer. Fühlen Sie sich in der Arbeit völlig überlastet und werden dadurch müde, sagen Sie vielleicht: »Ach, ich hab so schlecht geschlafen, ich kann mich nicht mehr konzentrieren.« Ihr Gegenüber wird Ihnen daraufhin wahrscheinlich den Rat geben, diese Nacht früher ins Bett zu gehen, und denken, die Sache sei geritzt. Doch das ist natürlich eine Fehlannahme. Sie haben in Ihrer Kommunikation nicht das ausgedrückt, was wirklich in Ihnen vorgeht. Werden Sie damit eine Chance

haben, entlastet zu werden? Sehr wahrscheinlich nicht!
Es kommt also bei der Kommunikation ebenfalls darauf an, dass Sie mit Achtsamkeit prüfen, worum es Ihnen wirklich geht, und dies dann auch genauso Ihrem Gegenüber übermitteln. Warum machen wir das nicht grundsätzlich so? Es wäre doch ein Einfaches, geradeheraus zu sagen, was wir wollen?
Nun, unser Gehirn ist nicht nur ein Filter für Inputs, sondern auch für Outputs. Bevor ein Gedanke als Wort unseren Mund verlässt, überlegen wir meist blitzschnell, was dieses Wort bewirken könnte. Nicht selten kommt dann von unserem Gehirn das Veto: »Halt, stopp! So kann ich das nicht sagen! Das könnte unerwünschte Nebenwirkungen haben.«
In dem Moment sind wir schon wieder mit unseren Gefühlen und Bedürfnissen konfrontiert, in diesem Fall unserem Sicherheitsbedürfnis. Ist unser innerer Sicherheitsbeauftragter lauter und stärker als unser Ruhebeauftragter, dann werden wir etwas anderes kommunizieren, obwohl wir uns vielleicht nach Ruhe sehnen. Unsere Angst oder unser schlechtes Gewissen verhindern, dass wir angemessen für uns sorgen und unser Ruhebeauftragter aktiv werden kann.

Es ist daher auch an diesem Punkt entscheidend, achtsam gegenüber seinen Gefühlen und der daraus resultierenden Kommunikation zu sein. Transportiere ich wirklich das, was ich brauche? Versteht mich mein Gegenüber auch richtig? Nur wenn das gewährleistet ist, haben wir auch die Chance zu bekommen, was wir in dem Moment brauchen.

Wie Kommunikation besser gelingt

- Hören Sie in sich hinein. Was ist es, was Sie im Moment wirklich brauchen oder sich von Ihrem Gegenüber wünschen, um sich wohlzufühlen?
- Überlegen Sie, was Sie sagen müssten, um genau das zu kommunizieren.
- Sollte Ihr Gehirn Ihnen mit Gegenargumenten kommen, überlegen Sie, was Sie tatsächlich davon abhält, das zu sagen, was Sie eigentlich sagen wollen.
- Überlegen Sie, was Sie erreichen würden, wenn Sie das kommunizieren, was Sie nach Berücksichtigung der Gegenargumente sagen würden.
- Falls die Proteste Ihres Gehirns gegen den ursprünglich angedachten Text zu laut werden, überlegen Sie sich, was Sie brauchten, um ihn dennoch zu formulieren.

- Machen Sie sich in jedem Fall bewusst, dass Ihr Gegenüber tatsächlich nur auf das eingehen kann, was Sie sagen, und nicht auf das, was Sie sagen wollen.
- Bleiben Sie auf Augenhöhe, wenn Sie etwas sagen. Kein Mensch möchte von oben herab behandelt werden.
- Bleiben Sie ruhig und besonnen. Aggressive Untertöne führen so gut wie nie zum erhofften Ergebnis, sondern bringen das Gegenüber in Verteidigungsstellung.
- Machen Sie sich bewusst, dass auch Ihr Gegenüber Gefühle und Bedürfnisse hat. Je mehr Sie dessen Seite wahrnehmen und achtsam ihm gegenüber bleiben, desto eher wird er Ihnen zuhören und letztendlich auch entgegenkommen.
- Sprechen Sie von sich und bleiben Sie im »Ich-Modus«. In dem Moment, in dem Sie mit »Sie hören doch nie zu!« beginnen, fühlt sich Ihr Gegenüber angegriffen und wird Sie ebenso ans Schienbein treten, wie Sie es gerade getan haben. Stattdessen könnten Sie sagen: »Ich fühle mich nicht gehört.« Das kommt ganz anders an!

Kommunikation ist eine Frage der inneren Haltung. Es braucht im Grunde keine Checklisten, wie wir am besten kommunizieren, solange wir uns und unserem Gesprächspartner achtsam gegenübertreten. Sobald wir diese Haltung eingenommen haben, geht der Rest fast wie von selbst. Nutzen Sie also das Mittel der Kommunikation, um sich und Ihren Bedürfnissen Gehör zu verschaffen. Wenn Sie in einem Stresszustand sind, können Sie diesem damit wirkungsvoll entgegentreten. Das Ziel ist dabei, diesen Zustand erst gar nicht entstehen zu lassen, also vorbeugend zu agieren.

Fazit

Kommunikation ist das wesentliche Mittel, um Stresszustände zu thematisieren und der Umgebung mitzuteilen, was wir benötigen, um unseren Stresszustand zu reduzieren. Dabei ist die innere Haltung entscheidend. Wenn wir achtsam mit uns und unserem Gegenüber umgehen, dann haben wir eine gute Chance, auch zu bekommen, was wir brauchen.

6

Anti-Stress-Strategien

Stressmanagement, wie Sie es bisher kennengelernt haben, besteht also aus dem Erkennen und Bewusstmachen des Ist-Zustands. Darauf folgt das Hinterfragen der eigenen Gefühle und Bedürfnisse und das Erkennen einer möglichen Diskrepanz zwischen dem Ist (»Ich habe«) und dem Soll (»Ich möchte«). Sie haben gesehen, dass Sie mit Kommunikation Ihre Wünsche und Bedürfnisse an den Mann (oder die Frau) bringen können und dass die geeignetste Form dafür die Kommunikation auf Augenhöhe ist. Achtsamkeit macht es uns möglich, den Fokus auf die eigenen Bedürfnisse zu legen und emotionale Irrwege zu vermeiden.

Stress braucht ein Gegengewicht

Es gibt aber noch eine Reihe anderer Mittel, um besser mit Stressbelastungen umgehen zu können. Denn trotz aller Achtsamkeit lässt sich leider nicht immer verhindern, dass wir doch in eine Stressfalle tappen. In solchen Momenten brauchen wir einen effektiven Ausgleich, der unserem Organismus hilft, wieder ins Gleichgewicht zu kommen. Im Folgenden finden Sie einen Überblick über die besten Anti-Stress-Mittel.

»Wie lange ich lebe, liegt nicht in meiner Macht. Dass ich aber, sobald ich lebe, wirklich lebe, das hängt von mir ab.«

Lucius Annaeus Seneca

Sport

Der Klassiker unter den Stresskillern. Bereits Spazierengehen ist eine gewisse sportliche Betätigung. Sie können sich ja auch noch steigern. Vor allem Ausdauersport wie Joggen, Schwimmen oder Radfahren kann Sie in einen meditativen Flow versetzen und ist daher sehr effektiv auf dem Weg zu mehr Entspannung und Stressabbau.

Sex

Wer Sex hat, ist glücklicher und entspannter. Das ist kein Märchen, sondern Ergebnis zahlreicher wissenschaftlicher Studien. Bereits Küssen und Kuscheln sorgt für die Ausschüttung stressmindernder Substanzen. Übrigens nutzen auch unsere nächsten Verwandten, die Menschenaffen, diese Methode zum Stressabbau. Vor allem bei den Zwergschimpansen dienen sexuelle Handlungen zum Abbau von Spannungen in der Gruppe.

Gönn dir mal was – Genusstraining

Was wäre die Welt ohne Genuss? Es wäre doch genial, wenn Sie sich nach einem stressigen Tag in eine weiche Hängematte unter Palmen legen könnten und Ihnen dann eine bezaubernde Dame (oder ein bezaubernder Herr) jeden weiteren Wunsch von den Lippen ablesen würde. Genuss pur!

Gut, nun hat man nicht immer eine Hängematte parat, aber wie wäre es zum Beispiel mit einem leckeren Essen mit dem Partner, der Familie oder guten Freunden? Oder einem Besuch im Kino, um endlich diesen einen Film anzuschauen, den Sie schon so lange sehen wollten? Oder einem kuscheligen Fernsehabend zu Hause? Auch vermeintlich kleine Dinge können unsere Seele streicheln wie eine warme Brise am Strand.

Schlafen Sie sich aus

Stress verhindert einen erholsamen Schlaf. Nachts kann sich der Körper jedoch am besten von den Strapazen des Tages regenerieren. Schalten Sie also rechtzeitig in den Freizeitmodus und vermeiden Sie ab dem späten Nachmittag möglichst alles, was Stress produziert. Sparen Sie sich zum Beispiel den Nachmittagskaffee im Büro.

Schaffen Sie ein großzügigeres Zeitmanagement

Es gibt einen natürlichen Feind des Zeitmanagements, und der heißt »Spontanität«. Neben der täglichen To-do-Liste gibt es auch noch andere spannende Dinge. Verschaffen Sie sich Klarheit über Ihre *wirklichen* Wünsche und Pflichten. Vieles, was wir glauben erledigen zu müssen, ist nicht dringend nötig. Putzen ist zum Beispiel nicht jeden Tag erforderlich und macht auch nicht wirklich glücklich!

Weniger erreichbar sein bedeutet mehr Ruhe im Leben
»Online addiction« heißt die rasant wachsende Sucht nach dem Internet. Schnell mal eben die Mails checken, noch eine WhatsApp schicken oder Wikipedia befragen. Die ständige Erreichbarkeit und Internetpräsenz bedeutet für uns jedoch auch immer leichten Dauerstress. Gönnen Sie sich also auch einmal eine Auszeit von der digitalen Welt.

Befreien Sie sich von unnötigem Ballast
»Eigentum verpflichtet« – ganz egal in welcher Hinsicht. Irgendwie muss der ganze Kram ja verwaltet werden. Doch wenn wir nicht aufpassen, quillt unsere Wohnung im Nu über. Bevor Sie Dinge nur von einer Ecke in die andere räumen, überlegen Sie sich, ob Sie den ganzen Krempel wirklich noch brauchen. Weniger kann mehr sein!

Vermeiden Sie Verschiebebahnhöfe
Die »Aufschieberitis« befällt uns alle von Zeit zu Zeit. Wir schieben Dinge auf und sagen: »Morgen ist auch noch ein Tag.« Das kann grundsätzlich natürlich sinnvoll sein, vor allem dann, wenn wir keine Zeit mehr haben, etwas zu erledigen, oder schon müde sind. Aber auch der nächste Tag hat nur 24 Stunden. Kollidieren zu viele Dinge von

gestern mit den heutigen Aufgaben, ist Stress vorprogrammiert. Es ist also besser, mit dem Auto in Ruhe zur Inspektion zu fahren, solange es noch läuft. Bleibt es liegen, ist der Stress ungleich höher.

Pflegen Sie gute soziale Kontakte

Ein guter Freundeskreis ist Gold wert. Sich wirklich aussprechen oder mal wieder so richtig vom Leder ziehen, über alles schimpfen, was einem gerade so quer liegt, das löst zwar keine Probleme, aber es kann erleichtern. Der Austausch mit anderen kann Ihnen zudem helfen, den eigenen Blickwinkel zu verändern und Ihre Situation aus einer anderen Perspektive zu betrachten. Ein Besuch mit Freunden in der Kneipe oder im Café, ein angeregtes Gespräch, all das sind also wirksame Anti-Stress-Strategien.

Es lebe die Freizeit!

Konzerte, Theater, Ausstellungen oder was Sie sonst gerne tun: Trotz aller Arbeit gibt es auch noch private Interessen. Freizeit ist kein Luxusgut, sie ist notwendig, um den nächsten Tag wieder mit frischer Energie anzugehen. Und das kann Ihrem Chef ja nur recht sein.

Versuchen Sie es mal mit Entspannungsübungen
Yoga, Progressive Muskelentspannung (PMR) oder Qi Gong sind nur ein paar Beispiele für effektive Entspannungstechniken. Auch Meditation gehört dazu. Keine Angst, das hat nichts mit esoterischem Klimbim zu tun. Wissenschaftliche Untersuchungen beweisen, dass Meditation zum Abbau von Bluthochdruck, Steigerung der Konzentrationsfähigkeit und Verringerung des Stresserlebens führt.
Auch beim Powernapping, dem kleine Nickerchen zwischendurch, kann man gut entspannen. Unser Gehirn verarbeitet viele Hundertausende von Reizen pro Sekunde. Da lohnt es sich definitiv, die Reizflut mal für 20 bis 30 Minuten zu reduzieren.

Haben Sie noch Hobbys?
Zeichnen, Lesen, Wandern, Musik und vieles mehr – Hobbys dienen ebenfalls dem Ausgleich und können Ruhe und Energie spenden. Damit sind auch sie ein gutes Gegengewicht zum alltäglichen Stress. Nehmen Sie sich also mal wieder Zeit für die Dinge, die Sie am liebsten tun.

Egal welches dieser Anti-Stress-Mittel Ihnen nun am meisten zusagt, sie alle können Ihnen helfen, nach einem anstrengenden Tag Ruhe und Entspannung zu finden und den negativen Effekt von Stress auszugleichen. Wir alle können mehr Stress »ertragen«, wenn wir einen passenden Ausgleich haben, der uns wieder in die Balance bringt. Das Pendel, das im Laufe des Tages in Richtung Belastung ausgeschlagen hat, schwingt wieder zurück, und wir können den nächsten Tag ausgeglichen beginnen. Wir alle brauchen »Genussfaktoren« als Gegengewicht, um wieder Energie zu tanken und in die innere Balance zurückzukehren.

Ein kurzer achtsamer Check, ob wir noch unseren Bedürfnissen folgen, reicht oft bereits aus, um festzustellen, ob wir im gegebenen Moment gerade etwas Ruhe brauchen. Und damit setzt sich auch schon die oben beschriebene Schleife in Gang. Habe ich, was ich brauche? Was brauchte ich jetzt, um mich wohlzufühlen? Wie kann ich es bekommen?

> »Gar nichts tun, das ist die allerschwierigste Beschäftigung und zugleich diejenige, die am meisten Geist voraussetzt.«
>
> *Oscar Wilde*

ÜBUNG

Achtsames Gehen

Gehen ist für uns Mittel zum Zweck und etwas, das wir täglich tun. Wir sind immer in Bewegung, dabei sind wir uns dieser Tätigkeit häufig gar nicht bewusst. Achtlos marschieren wir vor uns hin, und nicht selten sind unsere Schritte mit Gedanken und Sorgen belastet.

Oft ist es sogar so, dass wir uns hetzen, obwohl das gar nicht nötig wäre. Wir gehen schnell, schneller, als wir es im entspannten Zustand tun würden. Wenn wir uns abhetzen, gewinnen wir jedoch selten so viel an Zeit, wie wir annehmen. Wenn Sie mit Ihrem Auto die Geschwindigkeit um zehn Prozent erhöhen, gewinnen Sie nur auf langen Strecken nennenswert Zeit. Auf kürzeren Strecken macht sich der Zeitgewinn kaum bemerkbar, Sie erhöhen aber den Energieverbrauch und Ihren Stresslevel. Vielleicht kennen Sie das Phänomen, dass Fahrer neben Ihnen im dichten Verkehr häufig die Spur wechseln, um schneller voranzukommen, und Sie bei der nächsten Ampel doch wieder nebeneinander zu stehen kommen.

Doch der Weg ist das Ziel! Bei der Übung des achtsamen Gehens lenken wir unsere Aufmerksamkeit auf den gegenwärtigen Moment und auf unsere Atmung. Wir nehmen unseren Körper und jeden Schritt bewusst wahr, dadurch kann die innere Beschäftigung mit sorgenvollen Gedanken zurücktreten. Mitten im Alltag schaffen wir uns damit einen inneren Raum, der es uns ermöglicht, in unsere

Mitte zurückzukommen. Es kehren dadurch tiefe Ruhe und Klarheit in unseren Geist ein, und wir können den Augenblick viel besser genießen.

- Gehen Sie bewusst langsam und nehmen dabei sowohl Ihre Schritte wie auch Ihre Umgebung interessiert wahr.
- Gehen Sie so, als hätten Sie ewig Zeit und müssten nie ankommen.
- Achten Sie auf Ihre Gedanken und Gefühle, die Sie dabei wahrnehmen – vielleicht ist es möglich, sie ziehen zu lassen wie Vögel, die am Himmel vorüberfliegen.
- Lenken Sie Ihre Aufmerksamkeit auch auf Ihre Atmung, denn diese kann Ihnen Feedback geben, ob Sie sich nicht schon zu schnell bewegen.

Variante: Verlangsamen Sie Ihre Bewegungen, bis Sie in Zeitlupe gehen. Sie werden dabei bemerken, aus wie vielen einzelnen Bestandteilen eine scheinbar so einfache Bewegung wie das Gehen besteht und wie komplex die Leistung ist, die unser Körper beständig ganz nebenbei erledigt. Beim sehr langsamen Gehen stärken Sie nebenbei zugleich Ihre Konzentrationsfähigkeit.

Fazit

Stress lässt sich nicht immer vermeiden. Da vorbeugen besser ist als heilen, ist es wichtig, sich bewusst zu sein, was in uns abläuft und was wir wirklich brauchen. Damit können wir in der Balance bleiben. Wichtige Werkzeuge dafür sind alle Dinge, die uns einen Ausgleich verschaffen. Wo Energie aus dem System abgezogen wird, muss auch wieder Energie zugeführt werden. Ansonsten laufen unsere Batterien leer, und unser Motor bleibt irgendwann stehen.

Das Gewonnene erhalten: Wie erreiche ich Nachhaltigkeit?

Wenn wir zum Beispiel hart für etwas gearbeitet haben, dann wollen wir auch möglichst lange davon profitieren. Ein erreichter Erfolg, der einem nach kurzer Zeit wieder in den Fingern zerrinnt, ist kein wirklicher Erfolg. Die Anstrengung, die wir aufgebracht haben, soll nicht umsonst gewesen sein. Denn das wäre eine Art Energieverschwendung. Daher geht es auch beim Prinzip der Nachhaltigkeit darum, Ressourcen so zu nutzen, dass sich ein System immer wieder regenerieren kann und das einmal Erreichte erhalten bleibt. Eine bereits eingetretene Wirkung soll längerfristig anhalten. Sie haben sich bis hierher erfolgreich durch dieses Buch gearbeitet und vielleicht einige neue Erkenntnisse gewonnen. Vielleicht haben Sie auch schon angefangen, manches davon umzusetzen. Möglicherweise haben Sie sogar schon vereinzelte Erfolge damit erzielt. Jetzt geht es darum, wie Sie das Erreichte erhalten können.

Ich höre immer wieder von Patienten in der psychosomatischen Rehabilitation, dass sie Angst vor dem Nach-Hause-Gehen haben. Man hätte zwar viel gelernt, doch draußen, in der realen Welt, würde einem doch wieder ein kalter Wind ins Gesicht blasen. Die Angst, im Alltag das zu verlieren, was man im geschützten Raum der Klinik erlernt hat, und wieder in alte Fahrwasser zu geraten, ist bei vielen präsent. Im Grunde sucht also jeder nach Methoden, um das Erreichte langfristig zu stabilisieren.

> »Natürlich interessiert mich die Zukunft.
> Ich will schließlich den Rest meines Lebens
> darin verbringen.«
>
> *Mark Twain*

Wer bestimmt, wie Ihr Leben verläuft? Ist es die sogenannte Realität oder sind Sie es? Keinem Menschen kann etwas aufoktroyiert werden, was er nicht möchte, außer mit Gewalt. Ohne unsere Zustimmung läuft nämlich letztendlich nichts im Leben. Auch wenn wir meinen, etwas zu tun, was ein anderer von uns verlangt, tun wir es letztendlich deshalb, weil wir uns dem Ganzen zumindest nicht entgegenstellen, also passiv zustimmen.
Kann ich mich denn so einfach gegen Anforderungen von anderen Personen stellen, werden Sie nun

vielleicht fragen. Natürlich können Sie das! Sie müssen nur bereit sein, die entsprechenden Konsequenzen zu tragen. Vergessen Sie dabei allerdings nie, dass auch Ihr bisheriges Handeln Konsequenzen hat, zum Beispiel, dass Sie gestresst bleiben! Sie können frei wählen, ob Sie das bekannte Elend weiterleben wollen oder zur Abwechslung mal etwas Neues ausprobieren.

Wenn Sie sich für einen neuen Weg entscheiden, dann haben Sie zumindest die Chance, aus Ihrem Stress auszubrechen, anstatt ihn vielleicht sogar zu verstärken. Denn am Ende der Spirale steht in der Regel irgendwann eine Form des Zusammenbruchs.

Es braucht etwas Mut, um neue Ufer zu entdecken, denn unser Gehirn hat manchmal Angst und scheut sich vor Neuem. Das Gewohnte beizubehalten scheint da zunächst die sicherere Variante. Es ist unsere Komfortzone, die wir so ungern verlassen.

Um diesen Mut aufzubringen, muss unser Gehirn überzeugt werden, denn am Ende des Prozesses soll schließlich ein »Ja, ich will« stehen. Wie Sie Ihr Gehirn dazu bringen, sich auf etwas Neues einzulassen und dies beizubehalten, lesen Sie hier:

Starke Identifikation mit dem Ziel

Je klarer Sie sich ein neues Ziel vorstellen und je bunter Sie es sich ausmalen, desto leichter wird es Ihnen fallen, sich auf den Weg zu machen.

Glaube an die »Rechtmäßigkeit« des eigenen Anspruchs auf Wohlbefinden

Wohlbefinden ist in der Positiven Psychologie das erklärte Ziel eines jeden Menschen. Wir alle, egal aus welchem Kulturkreis wir stammen, streben danach. Wir unterscheiden uns lediglich in den Strategien, *wie* wir dieses Ziel zu erreichen versuchen. Damit stellt das Erreichen von Wohlbefinden eine Art Grundbedürfnis, ja sogar Grundrecht aller Menschen auf diesem Planeten dar. Auch Sie haben also ein Recht auf Wohlbefinden!

> »Die Freiheit des Menschen liegt nicht darin, dass er tun kann, was er will, sondern dass er nicht tun muss, was er nicht will.«
>
> *Jean-Jacques Rousseau*

Leben mit Achtsamkeit

Achtsamkeit bringt uns weg von unheilvollen Bewertungen, die uns das Leben oft nur schwer machen. Es gibt nicht viele übernommene Denkweisen, die der Überprüfung ihres Wahrheitsgehaltes standhalten. Viele sind relativ und damit nicht allgemeingültig. Achtsamkeit bedeutet: Beobachten anstatt bewerten. Bewertungen haben nicht selten eine behindernde Natur. Achtsamkeit gibt uns die Möglichkeit, freier und objektiver zu entscheiden.

Ehrliche Analyse des Ist-Zustands

Die objektive Analyse des Ist-Zustands, ohne angstvolle Bewertungen, lässt uns Stresszustände sicher entdecken. Sich selbst in die Tasche zu lügen zahlt sich auf Dauer nicht aus. Wenn wir nicht durch Bewusstsein einen Stresszustand erkennen und beenden, erledigt das irgendwann unser Körper für uns, zum Beispiel durch einen Zusammenbruch.

Dauerhaftes Bewusstmachen der eigenen Bedürfnisse

Die Erfüllung von Bedürfnissen ist und bleibt der wichtigste Baustein für Wohlbefinden. Je weniger Achtsamkeit wir ihnen gegenüber aufbringen, desto schneller werden wir gestresst. Es genügt auch nicht, sich nur ab und zu um sie zu kümmern. Wir haben eine Art »Bedürfnisbefriedigungskonto«. Je weniger wir darauf einzahlen, desto schneller bekommen wir einen blauen Brief von unserem Körper.

Kontinuierliche Verbesserung der eigenen Kommunikationsfähigkeiten

Kommunikation ist ein unabdingbares Werkzeug, um zu bekommen, was wir brauchen. Beim Bäcker können Sie vielleicht noch auf den gewünschten Artikel deuten. Wenn Sie aber Ihrem Chef wild vor den Augen herumfuchteln, wird er wahrscheinlich nicht den blassesten Schimmer haben, was Sie eigentlich von ihm wollen. Da es dabei nicht nur um den Inhalt, sondern auch um die Kommunikationsform geht, lohnt es sich, immer wieder dazuzulernen und zu üben. Viele Menschen haben es nicht gelernt, sich verständlich auszudrücken, oder haben schlichtweg Angst, ihre Bedürfnisse zu äußern. Um dieser Angst zu begegnen, ist es wichtig, sich der Rechtmäßigkeit des Anspruchs auf Wohlbefinden bewusst zu sein.

Laden Sie stets Ihre Batterie auf

Sorgen Sie dafür, dass Sie genügend Ausgleich bekommen, um unvermeidbaren Stress besser kompensieren zu können. Mit einer leeren Batterie springt unser Motor irgendwann nicht mehr an. Achten Sie auf Ihre inneren Anzeigen und Füllstände.

Achten Sie auf eine gesunde Ernährung

Unser Gehirn ist der größte Energiefresser in unserem Organismus. Wir müssen es also gut füttern, wenn wir ihm Höchstleistungen abverlangen. Neben einer ausgewogenen Ernährung ist auch die Regelmäßigkeit der Mahlzeiten wichtig. Mal schnell ein Häppchen zwischendurch oder literweise Kaffee gefallen unserem Gehirn gar nicht und dem restlichen Organismus übrigens auch nicht.

Den ganzen Tag aus Zeitmangel nicht zu essen bedeutet nichts anderes, als mit minderwertigem Sprit zu fahren. Unser Organismus muss dann seinen Brennstoff energieaufwendig über Umwege selbst herstellen, was bedeutet, dass wir langsamer werden. Umgekehrt bewirkt ein übervoller Magen das Gleiche. Unser Organismus ist dann mit Verdauen beschäftigt und hat für andere Dinge nichts mehr übrig. Essen Sie also möglichst ausgewogen und regelmäßig. Sonst belasten Sie Ihren Organismus zusätzlich und vermindern Ihre Leistungsfähigkeit.

»Die Kunst des Ausruhens ist ein Teil der Kunst des Arbeitens.«

John Steinbeck

Beachten der 80-Prozent-Regel

Stellen Sie sich vor, Sie seien ein Auto, das immer mit Vollgas gefahren wird, also immer 100 Prozent seiner Maximalleistung gibt. Auch wer nicht technikaffin ist, kann sich denken, was das bedeutet: Zunächst wird das Auto mehr Sprit verbrauchen, denn Höchstleistung kostet Kraft. Aber auch der Verschleiß wird höher sein, sodass der Wagen häufiger gewartet werden muss und sehr wahrscheinlich auch früher seinen Dienst quittiert.

Ihr Körper ist wie Ihr Auto. Er ist gewissermaßen eine Bio-Maschine. Und auch die hat eine begrenzte Leistungsfähigkeit. Es wird vermutlich ohne technische Hilfsmittel nie gelingen, die 100 Meter in fünf Sekunden zu laufen. Auch Spitzensportler unterscheiden sich heute oft nur noch durch hundertstel Sekunden voneinander. Das gilt nicht nur für die körperliche, sondern auch für die geistige Leistungsfähigkeit. Es wird zwar immer behauptet, dass eines der beiden Geschlechter multitaskingfähiger ist, doch rein biologisch ist das nicht

haltbar. Unser Gehirn ist definitiv nicht in der Lage, sich auf mehr als eine Sache zu 100 Prozent zu konzentrieren. Jede zusätzliche Aufgabe führt zu einer Reduktion der Konzentrationsleistung.
Je mehr Dinge Sie also gleichzeitig zu erledigen versuchen, desto größer wird die Fehlerwahrscheinlichkeit. Viele Menschen verlangen jedoch von sich oder anderen, mehrere Dinge gleichzeitig zu machen, um ihre To-do-Liste abzuarbeiten.
Nicht wenige Menschen denken sogar, dass sie mehr als 100 Prozent geben können. Maschinen mit Wirkungsgraden über 100 Prozent werden als »Perpetuum Mobile« bezeichnet. Doch solche Maschinen können schon aufgrund des Energieerhaltungssatzes nicht einmal in der Theorie existieren.
Wo liegt nun also das goldene Mittelmaß? Kommen wir wieder zu Ihrem Auto zurück. Es gibt einen Bereich, in dem Ihr Wagen am wirtschaftlichsten fährt. Bei Ihnen ist das der Bereich, in dem Sie noch in der inneren Balance sind. Geben Sie immer 100 Prozent, haben Sie in Notfällen, in denen Ihnen kurzfristig ein höheres Leistungspensum abverlangt wird, keine Reserven mehr. Es macht also Sinn, unter den 100 Prozent zu bleiben. Der »Idealverbrauch« (der natürlich von Person zu Person variieren kann) liegt bei etwa 70 bis

80 Prozent. Auf jeden Fall haben Sie dann noch einen Puffer in Zeiten erhöhter Anforderungen.

Fazit

Wer sich mühsam neue Erkenntnisse, Fähigkeiten oder Errungenschaften erarbeitet hat, möchte auch möglichst lange von ihnen profitieren. Sie haben im Laufe dieses Buches einiges über Stressmechanismen gelernt und sich vielleicht sogar schon die ein oder andere Methode zum Abbau von Stresszuständen angeeignet. Es lohnt sich, diese langfristig in Ihr Leben zu integrieren und nicht nach ein paar Wochen des Ausprobierens nachlässig zu werden. Anti-Stress-Techniken können wie alle anderen erlernten Fähigkeiten durch ständige Wiederholungen perfektioniert werden. Wenn Sie kontinuierlich an Ihren Stressmanagement-Methoden arbeiten, werden sich diese immer weiter verbessern und zu nachhaltigen Werkzeugen entwickeln, die Sie irgendwann ganz selbstverständlich anwenden.

Auf einen Blick: Erste-Hilfe-Maßnahmen gegen Stress

- Leiden Sie unter erkennbaren Anzeichen für Stress, ist es jetzt an der Zeit zu handeln.
- Greifen Sie nicht zu Suchtmitteln, um Ihre Probleme zu lösen. Diese bedeuten für den Körper in der Regel eine Stressverstärkung.
- Konsultieren Sie Ihren Arzt, um körperliche Symptome abzuklären und gegebenenfalls organische Ursachen für Ihren Zustand auszuschließen.
- Legen Sie den Fokus auf Ihr eigenes Befinden, ohne Dinge zu beschönigen.
- Finden Sie heraus, *was* Sie derzeit so stark belastet. Benennen Sie für sich die konkreten Situationen und Umstände. Je klarer Sie diese erkennen, desto leichter ist es, aus dem Stresskreislauf auszubrechen.
- Überlegen Sie, was Sie konkret an der stressauslösenden Situation verändern können.
- Überprüfen Sie Ihre Einstellungen und Denkmuster, denn diese hatten einen erheblichen Anteil an der Entstehung der Situation.

- Es lohnt sich, die eigenen Ziele zu überprüfen und gegebenenfalls zu verändern. Ein für Sie nicht passendes Ziel kann leicht zu Überforderung führen.

- Begegnen Sie Ihren Gefühlen und Bedürfnissen stets mit Achtsamkeit.

- Kommunizieren Sie Ihren Mitmenschen deutlich, was Sie in der aktuellen Situation brauchen.

- Lassen Sie sich nicht von Ihrem eigenen Perfektionismus oder der Angst, »Nein« zu sagen, antreiben.

- Sorgen Sie stets für einen effektiven Ausgleich im Alltag, um besser mit unvermeidbaren Stresssituationen umgehen zu können.

- Sollten Sie sich schwertun, Ihre Situation aus eigener Kraft zu verändern, kann Ihnen ein geschulter psychologischer Berater helfen, effektive Bewältigungsstrategien gegen Stress zu entwickeln.

Schlusswort

Stress ist kein unabdingbares Schicksal. Wir müssen uns ihm nicht ergeben. Er ist in seiner krank machenden Form eine Erscheinung unseres modernen Lebens und basiert stark auf unbewussten Denkmustern, Handlungen und Automatismen, die unser Gehirn primär zu unserem Schutz entwickelt hat.

Da wir uns diese Automatismen jedoch oft nicht bewusst machen, erliegen wir immer wieder dem Stress. Eine nachhaltige Stressbewältigung lässt sich daher nur durch ein erhöhtes Bewusstsein erreichen, das sich auf alles erstreckt, was wir tagtäglich erleben und erledigen, auf das, was wir denken, fühlen und brauchen.

Das Tor zu mehr Bewusstsein sind unsere Gefühle und Bedürfnisse. Wenn wir ihre Botschaften nicht hören und ernst nehmen, sind wir wie ein Boot im stürmischen Ozean des Lebens. Wir verlieren die Orientierung und lassen uns auf Dinge ein, die uns schaden.

Öffnen Sie sich für Ihre Gefühle und Bedürfnisse! Denn dort beginnt jeder Stresszustand, und dort liegt auch Ihre Kraft, etwas zum Positiven zu verändern.

Danksagung

An dieser Stelle danke ich meiner Partnerin Daniela, die mich mit ihrem Enthusiasmus und ihrer liebevollen Art durch die Entstehung dieses Werkes begleitet und dabei intensiv unterstützt hat.

Quellenangaben

Zitat Peter Hohl (S. 26) aus: *Direkt nach vorn*, www.wochensprueche.de

Zitat Eckhart Tolle (S. 36) aus: *Jetzt! Die Kraft der Gegenwart*. Kamphausen 2001, Seite 84

Zitat Jiddu Krishnamurti (Seite 41) aus: *Jiddu Krishnamurti – Freiheit und wahres Glück*. Heyne 2007, Seite 203

Lösungen zur Übung auf S. 61

1 Bewertung, 2 Bewertung, 3 Bewertung, 4 Beobachtung, 5 Bewertung, 6 Beobachtung, 7 Beobachtung, 8 Bewertung, 9 Beobachtung, 10 Bewertung, 11 Beobachtung, 12 Bewertung, 13 Bewertung, 14 Beobachtung, 15 Bewertung, 16 Beobachtung, 17 Bewertung, 18 Bewertung, 19 Beobachtung, 20 Bewertung

Zum Weiterlesen

Kabat-Zinn, Jon: *Gesund durch Meditation. Das große Buch der Selbstheilung*. München: Droemer Knaur 2013.

Kaluza, Gert: *Gelassen und sicher im Stress. Das Stresskompetenz-Buch*. Berlin, Heidelberg: Springer 2014.

Kotsou, Ilios: *Das kleine Übungsheft – Achtsamkeit*. München: Trinity 2013.

Lehrhaupt, Linda; Meibert, Petra: *Stress bewältigen mit Achtsamkeit. Zu innerer Ruhe finden durch MBSR*. München: Kösel 2010.

Mayer, Heike: *Achtsam leben. Das kleine 1 x 1 für ein Leben im Hier und Jetzt*. München: Scorpio 2015.

Nunge, Olivier, Mortera, Simonne: *Gefühlsbalance. Konstruktiv umgehen mit Angst, Wut, Scham & Co*. München: Scorpio 2014.

Pigani, Erik: *Das kleine Übungsheft – Entschleunigen*. München: Trinity 2013.

Ras, Patrice: *Das kleine Übungsheft – Konflikte meistern und harmonischere Beziehungen führen*. München: Trinity 2015.

Rosenberg, Marshall B.: *Konflikte lösen durch gewaltfreie Kommunikation*. Freiburg: Herder 2004.

Rosenberg, Marshall B.: *Gewaltfreie Kommunikation – Eine Sprache des Lebens*. Paderborn: Junfermann 2012.

Seligman, Martin E.P.: *Der Glücksfaktor. Warum Optimisten länger leben*. Bergisch-Gladbach: Bastei Lübbe 2005

Seligman, Martin E.P.: *Flourish. Wie Menschen aufblühen*. München: Kösel 2012.

Stappen, Anne van: *Das kleine Übungsheft – Gewaltfreie Kommunikation*. München: Trinity 2013.

Tolle, Eckhart: *Jetzt! Die Kraft der Gegenwart*. Bielefeld: Kamphausen 2001.

Trungpa, Chögyam: *Arbeit, Sex, Geld. Buddhismus mitten im Leben*. Oberstdorf: Windpferd 2012.

Weitere erfolgreiche Titel aus der Reihe »Achtsam leben«

»Das größte aller Wunder ist es,
lebendig zu sein. Achtsamkeit ermöglicht uns,
dieses Wunder zu berühren.«

Thich Nhat Hanh

ISBN 978-3-95803-029-9

ISBN 978-3-95803-032-9

ISBN 978-3-943416-94-7

ISBN 978-3-95803-006-0